Enten und Gänse halten

Horst von Luttitz

Enten und Gänse
halten

3. Auflage

79 Farbfotos
30 Zeichnungen

VERLAG
EUGEN
ULMER

CIP-Titelaufnahme der Deutschen Bibliothek

Luttitz, Horst von:
Enten und Gänse halten / Horst von Luttitz. – 3. Aufl. –
Stuttgart : Ulmer, 1997
　ISBN 3-8001-7351-4

Das Werk einschließlich aller seiner Teile ist urheberrechtlich geschützt.
Jede Verwertung außerhalb der engen Grenzen des Urheberrechtsgesetzes
ist ohne Zustimmung des Verlages unzulässig und strafbar. Das gilt
insbesondere für Vervielfältigungen, Übersetzungen, Mikroverfilmungen
und die Einspeicherung und Verarbeitung in elektronischen Systemen.

© 1987, 1997 Eugen Ulmer GmbH & Co.
Wollgrasweg 41, 70599 Stuttgart (Hohenheim)
Printed in Germany
Einbandgestaltung: Alfred Krugmann, Freiberg am Neckar
Lektorat: Ingeborg Ulmer
Herstellung: Schwerdt/Wiesehöfer
Satz: Steffen Hahn GmbH, Kornwestheim
Druck: Gulde, Tübingen
Bindung: Monheim, Monheim

Vorwort zur 3. Auflage

> Mancher gibt sich viele Müh'
> mit dem lieben Federvieh.
> Einesteils der Eier wegen,
> welche diese Vögel legen,
> zweitens, weil man dann und wann
> einen Braten haben kann.
> Drittens nimmt man aber auch
> ihre Federn zum Gebrauch,
> in die Kissen in die Pfühle,
> denn man liegt nicht gerne kühle ...
>
> Wilhelm Busch

Enten und Gänse sind ideale Haustiere. Ihre Haltung macht Freude, der Aufwand ist gering, der Nutzen vielfach und groß. Entenhaltung schafft billig viele und große Eier, köstliche Braten und andere wohlschmeckende Gerichte und obendrein auch noch die gesunden, unübertroffen wärmenden Federn und Daunen. Enten verwerten genießbare Abfälle, sind unermüdliche Schneckenvertilger, erbringen nährstoffreichen Dünger für Landwirtschaft, Garten und Fischteich, ermöglichen Erträge von sonst kaum nutzbaren Feuchtgrundstücken und verschönern das Garten- und Landschaftsbild. Sie sind friedlich und ungefährlich und suchen sich bei extensiver Haltung einen großen Teil ihres Futters selbst. Der Nutzen von Gänsen ist ähnlich; Rasenflächen halten sie kurz, wie frisch gemäht.

Wer über ein ländliches Anwesen, einen Garten, Obstgarten oder überhaupt ein Fleckchen Land verfügt, sei durch das Buch auf Nutzen und Gewinn durch Enten- oder Gänsehaltung hingewiesen. Es ist aus vierzigjähriger praktischer Erfahrung für die Praxis geschrieben, um dem Landwirt und dem Nebenerwerbs- oder Hobbyhalter zu zeigen, „wie es gemacht wird". Für die 3. Auflage wurde das Buch im Text überarbeitet und ergänzt und völlig neu gestaltet.

Auch wer ohne Vorkenntnisse ist, sollte es nach der Lektüre dieser Einführung in die Enten- und Gänsehaltung wagen und frohgemut beginnen.

Sommer 1997

Horst von Luttitz

Inhaltsverzeichnis

Vorwort 5

**Verbreitung und Wirtschaftlichkeit
der Enten- und Gänsehaltung** 9
Aus Sage und Geschichte 9
Enten- und Gänsehaltung in der Welt 10
Die Produktion von Enten und
Gänsen in Deutschland 11
Enten- und Gänsefarmen 13
Wirtschaftliche Überlegungen für
Kleinhalter 16

Die Enten- und Gänserassen 19
Rassen von Nutz- und Zierenten .. 20
    Enten für Fleisch und Federn .. 20
    Legerassen 23
    Wildenten 24
    Zierenten 25
Rassen von Nutz- und Ziergänsen . 28
    Gänse für Fleisch und Federn .. 28
    Ziergänse 30

**Die richtige Rasse für
Nutzhaltung** 34
Enten für gute Leistung 34
Gänse 38

**Die Haltung von Enten und
Gänsen** 39
Neun Grundforderungen 39
    Wärme 39
    Frischluft 39
    Futter 40
    Trinkwasser 43

Einstreu 44
Bewegungsfreiheit 44
Beleuchtung 45
Hygiene 46
Ruhe 48
Entenställe 50
Gänseställe 53

Die Beschaffung von Küken 56
Entenküken 56
Gössel 59

Enten- und Gänsezucht 60
Entenzucht 60
    Fütterung der Zuchtenten 60
    Produktionsplanung 62
    Weidehaltung 63
    Stallhaltung 65
Gänsezucht 65
    Leistungszucht 65
    Aufstellen der Zuchtherde 68
    Haltung der Zuchtgänse 69
    Geschlechtsbestimmung 69

Die Eier von Enten und Gänsen 72
Enteneier 72
Gänseeier 74

Die Brut der Enteneier 76
Naturbrut 76
Kunstbrut 76
    Brutapparate 77
    Planung und Vorbereitung
    der Brut 78

Temperaturüberwachung	84
Frischluftzufuhr	85
Luftfeuchte	85
Wenden der Eier	86
Hygiene	86
Schieren der Eier	87
Kühlen der Eier	89
Der Schlupf	90
Die Brut der Gänseeier	95
Naturbrut	96
Kunstbrut	102
Die Kükenaufzucht	103
Entenküken	103
Die nötige Wärme	103
Kükenfutter	104
Auslauf	106
Aufzuchtställe	108
Gössel	109
Die nötige Wärme	109
Kükenfutter	110
Stall- und Weidehaltung	111
Die Mast	115
Entenmast	115
Fütterung	116
Stall- und Freilandhaltung	120
Gänsemast	122
Frühmast und Spätmast	122
Fütterung	123
Erzeugung von Stopflebern	125

Die Schlachtung	128	Waschen der Federn	162
Schlachtung der Enten	128	Das Raufen	165
Schlachtung der Gänse	135		
		Der Enten- und Gänsedung	168
Die Vermarktung	138		
		Krankheiten, Gifte und	
Gesetzliche Bestimmungen	140	**sonstige Gefahren**	171
		Krankheitsbild und Vorbeuge	171
Rezepte für Enten- und		Krankheiten bei Enten	172
Gänsegerichte	147	Krankheiten bei Gänsen	174
Entenrezepte	147	Pflanzengifte	177
Gänserezepte	154	Gefährdung durch Tiere	178
Das Tranchieren von Geflügel	159		
		Literaturverzeichnis	179
Die Behandlung und Verwertung		Bildquellen	180
von Enten- und Gänserupf	160	Register	181
Wert und Qualität der Federn	160		

Verbreitung und Wirtschaftlichkeit der Enten- und Gänsehaltung

Aus Sage und Geschichte

Seit Menschengedenken werden Enten und Gänse weltweit gehalten. Auf ihre wirtschaftliche und kulturelle Bedeutung seit Jahrhunderten weisen Sagen und künstlerische Darstellungen. Schon im Altertum waren Enten und Gänse ein beliebtes Motiv. So zeigt ein Jahrtausende altes Relief in einem Tempel bei Kairo den König Darius an einem Opfertisch mit zwei Enten darauf. Auch Zucht und Handel und sogar das Stopfen von Enten und Gänsen sind auf altägyptischen Reliefs häufig dargestellt, und in den Hieroglyphen erscheinen immer wieder enten- und gänsevogelartige Darstellungen. Da nach altägyptischem Mythos der erste Gott aus einem in einem Sumpfdickicht gelegenen Ei „des großen Schnatterers" entstand, ist die Gans überdies in die ägyptischen Ursprungsmythen gestellt, wie sie auch Opfergabe war und als das Symboltier des Schutzgottes der ägyptischen Könige, Seth, angesehen wurde. Ausgrabungen in Kleinasien, Mesopotamien, Griechenland und Italien haben Salbgefäße, Öllampen, sogenannte babylonische Zylindersiegel, Mosaiken und Schmuckstücke aus vorchristlichen Epochen mit Enten- und Gänsedarstellungen zutage gebracht und sind nun in Museen ausgestellt.

In seinem Epos, der Odyssee, schildert der griechische Dichter Homer, wie der Sohn des Odysseus sich von seinem Gastgeber verabschiedet, wobei zur Genugtuung der Anwesenden ein Adler in den Hof hinabstößt, eine weiße Mastgans schlägt und davonträgt, was als glückliches Omen für den geplanten Rachezug des Odysseus ausgelegt wird. Seiner Gemahlin Penelope erscheint als mystische Ankündigung der Rache an den Freiern im Traum ein Geier, der ihren zwanzig Mastgänsen „den Hals bricht".

Nach einer anderen Sage haben die auf der antiken römischen Zitadelle, dem Kapitol, gehaltenen und der Licht- und Ehegöttin Juno geweihten heiligen Gänse im Jahr 388 vor Christus durch plötzliches nächtliches Geschnatter das dort von den Kelten belagerte, letzte Aufgebot der Römer vor Überrumpelung in der Dunkelheit bewahrt; ein legendäres Ereignis, welches seither die Phantasie der Historiker derart beflügelt, daß demgegenüber die Niederlage der Römer und Brandschatzung ihrer Stadt kaum noch Erwähnung findet.

Karl der Große veranlaßte seine Beamten ausdrücklich zur Gänsehaltung. Gänse waren bis zum Aufkommen des allgemeinen Geldwesens ein gängiges „Zahlungsmittel" gegenüber dem Fiskus.

Angeblich haben Gänse den heiligen Martin, als er sich versteckte, um nicht Bischof werden zu müssen, durch ihr Geschnatter verraten, weswegen sie nach der Überlieferung seitdem am 11.11. zur Strafe geschlachtet und verspeist werden.

Im 19. Jahrhundert trieben Händler Gänseherden im Spätsommer und Herbst mitunter Hunderte von Kilometern über Land. Zuvor mußten die Gänse allerdings hierfür „beschlagen" werden, wozu sie abwechselnd über flüssigen Teer und feinen Sand getrieben wurden, bis unter den Paddeln eine Schutzschicht klebte. Diese sogenannten „Treibergänse" wurden an Bauern, Handwerker und Tagelöhner verkauft, die sie weiter- und ausmästeten.

Einer besonders wachsamen Ente wurde in der Stadt Freiburg i. Br. ein Denkmal errichtet, weil sie am 27. November 1944 vor einem verheerenden Luftangriff noch vor dem Ertönen der Alarmsirenen durch aufgeregtes Schnattern auf die drohende Gefahr aufmerksam gemacht haben soll.

Enten und Gänse beleben und verschönern das Landschaftsbild ungemein und waren seit altersher Künstlern beliebtes Motiv für mannigfache Darstellungen.

Enten- und Gänsehaltung in der Welt

Enten- und Gänsehaltungen gibt es wegen der Möglichkeit, diese Tiere in Kleinbeständen mit einfachsten Mitteln und ohne kostspielige Einrichtungen halten zu kön-

Entendarstellung auf einem römischen Mosaik.

nen, in der ganzen Welt. Fast überall hat man ihre Vorzüge erkannt und weiß sie zu nutzen. Vielfach gilt die Gans als „Schaf" und die Ente als „Schwein" des kleinen Mannes. Freilich gibt es Bestände in allen Größen, wobei weltweit die Kleinhaltungen überwiegen.

In vielen Ländern gibt es aber auch hochentwickelte Gänse- und Entenfarmen mit industrieller Haltungsweise und beeindruckenden Produktionszahlen. Mit dem Aufkommen leistungsfähiger Kühlanlagen gegen Ende des vorigen Jahrhunderts entstanden in überseeischen Ländern schon damals Entenfarmen, die beträchtliche Mengen gefrorener Enten nach Europa und Nordamerika verschickten. Von Australien wurden nach der Jahrhundertwende Hunderttausende gefrorener Enten nach Großbritannien ausgeführt. Seither haben auch die europäischen Länder, besonders Großbritannien, Holland, Deutschland, Dänemark und die osteuropäischen Staaten, und hier vor allem Polen, Ungarn und die GUS-Staaten beträchtliche Produktionen, vorwiegend in Großbetrieben. Dagegen werden beispielsweise in Frankreich Enten und Gänse meistens bäuerlich gemästet. Im südlichen Europa ist Enten- und Gänsehaltung weniger verbreitet. In den USA liegt der Schwerpunkt der Entenhaltung in Großfarmen und wegen günstiger Produktionsbedingungen in den flachen Lagunen und Seewasserflüssen am Long Island Sound unweit New Yorks; aber auch in den südlicheren Unionsstaaten werden Großfarmen betrieben.

In Asien, besonders in China, Indien und Indonesien ist bäuerliche Enten- und Gänsehaltung ebenfalls weit verbreitet; auch Großfarmen oder kommunale Großhaltungen sind vorhanden oder im Aufbau.

In subtropischen Ländern, zum Beispiel in Ägypten, mit seiner auf dem Nil und im Nildelta Jahrtausende alten Tradition der Enten- und Gänsehaltung, wird sie neuerdings vermehrt mit Fischzucht kombiniert. Infolge der vermehrten Wasserflora durch die Ausscheidungen des Wassergeflügels wird das Nahrungsangebot für die Fische gesteigert. Allein bei Ismailia am Suezkanal wurden wöchentlich so bereits 1986 zwischen 30 und 40tausend Enten produziert. Dementsprechend hat die Fischzucht zugenommen, wobei deren Kosten sich durch die Entenhaltung um 30 % verminderten. Auch am Assuan-Staudamm wird diese kombinierte Haltung praktiziert. Inzwischen erzeugt Ägypten jährlich ca. 6 Millionen Enten für eine Bevölkerung von über 40 Millionen.

Der Vorsitzende der „International Seafood Conference" veröffentlichte 1983 einen Aufsatz über Gewässer-Farmentwicklungen in Südchina, wo Enten mit Karpfen und Süßwasserkrebsen in biologischer Übereinstimmung so gehalten werden, daß pro Hektar Wasserfläche jährlich 26 Tonnen Enten, 11 Tonnen Karpfen und 1 Tonne Krebse erzeugt werden können; Zahlen, die ein Praktiker nicht unbesehen wird übernehmen können. Bei dieser kombinierten Haltung werden nur die Enten gefüttert, deren Ausscheidungen angeblich ein so intensives Wachstum von Kleinlebewesen und Pflanzen bewirken, daß die Karpfen und Krebse damit ernährt werden können. Zweifellos wird es bei dieser Form der Haltung sehr darauf ankommen, daß Enten und Fischbesatz mit Wasserfläche und -volumen in ausgewogenem Verhältnis gehalten werden, damit das Gewässer keinesfalls verjaucht. Im übrigen sind in China Enten und Gänse – wegen ihrer einfachen Haltung hauptsächliche Fleischlieferanten, was der den Weltmarkt beherrschende Anfall an Rohfedern und -daunen von dort beweist.

Die Produktion von Enten und Gänsen in Deutschland

In Deutschland aber auch in Österreich und der Schweiz gehörten Enten und Gänse immer schon zu den Tierhaltungen der Bauernhöfe, wurden in kleineren oder größeren Beständen gehalten, teils zum eigenen Verbrauch, teils zur gewinnbringenden Vermarktung. So kosteten zum Beispiel zufolge einer Wiener Preisliste während der Türkenbelagerung der Stadt um 1683 1 Gans 94 Kreutzer, 1 Ente 30 Kreutzer, 1 Pfund Rindfleisch 6 Kreutzer, 1 Dreipfund-Brot 5 Kreutzer, 1 Pfund Butter 15 Kreutzer. Werden Gewichte bei der Gans von acht Pfund und bei der Ente von vier Pfund unterstellt, so wird ersichtlich, daß schon damals Enten und Gänse einen hohen Wert hatten.

Die Erzeugung von Enten und Gänsen blieb bis zur Entwicklung industrieller Produktionsmethoden bäuerlich ländlich. Danach und vor allem in den Jahrzehnten nach dem 2. Weltkrieg fanden erhebliche Umstellungen in der Enten- und Gänseerzeugung statt. Hatte es 1960 in der Bundesrepublik Deutschland noch 224 000 Entenhaltungen und 226 000 Gänsehaltungen gegeben, so hatten sich bis 1983 die Entenhaltungen auf 32 000 und die Gänsehaltungen auf 22 000 vermindert, es waren also nur rund 10 % verblieben. Und noch 1950 wurden hierzulande 2 419 000 Gänse gezählt. 1960 war dieser Bestand auf 1 631 000 und 1980 sogar auf nur noch 323 000 Stück geschrumpft. Ursächlich hierfür waren Rationalisierungen der Großbetriebe mit immer billigerer Produktion und deswegen praktisch kaum einzuholender Konkurrenz, besonders aus den damaligen Ostblockländern mit völlig unrealistischen Niedrigpreisen, wie auch Vermarktungshindernisse durch gesetzliche Bestimmungen. Auch die kleiner gewordenen Haushalte und geringere Bereitschaft der Hausfrauen, sich die Freude aber auch die Mühe eines Enten- oder Gänsebratens zu machen, dürften hierzu beigetragen haben.

Seit 1970 stagnierte der Gänsefleischverbrauch in der Bundesrepublik bei etwa 20 000 t bis zur Wiedervereinigung, wobei

Erzeugung von Enten und Gänsen in Deutschland

	1950	60	70	80	85	90	91	92	93	94	95
Enten (in 1000 t)	5	19	24	17	20	33	31	32	33	31	34
Gänse (in 1000 t)	15	13	4	2	2	10	4	4	5	4	4

Importe von Enten und Gänsen nach Deutschland

	1970	80	85	90	91	92	93	94	95
Enten (in 1000 t)		14	16	17	23	33	34	36	37	35
Gänse (in 1000 t)		17	18	19	20	24	24	29	25	25

bis 1985 Westdeutschland (Bundesrepublik)
ab 1990 alle Bundesländer
Quelle: ZMP

die Eigenerzeugung lediglich etwa 10–15 %, also 2000–3000 t betrug. Im Vergleich dazu erzeugte die wesentlich kleinere DDR 1978 für ihre um zwei Drittel kleinere Bevölkerung immerhin 2480 t, stand also der Bundesrepublik durchaus nicht nach. Wie die Erzeugung von Enten und Gänsen sich in der Bundesrepublik seit 1950 gestaltete, zeigt die Übersicht auf Seite 12. Der allgemeine Bedarf war jedoch bedeutend höher und mußte durch Importe gedeckt werden.

Wie aus der Übersicht zu sehen ist, wurde also die Nachfrage nach Enten fast zur Hälfte und die nach Gänsen zu neun Zehnteln durch Einfuhren gedeckt, wobei es interessant ist, daß von der Erzeugung in der Bundesrepublik 1980 fast 60 % der Enten und fast 100 % der Gänse aus Kleinhaltungen stammten. Dagegen bestritt allein Polen 1978 mit Lieferungen in die Bundesrepublik ein Drittel der Entenimporte. Das aber waren wiederum nur 27 % der polnischen Entengesamterzeugung, die überwiegend im eigenen Land vermarktet wurde. Diese Zahlen sprechen für sich und veranschaulichen die Lage der deutschen Erzeuger.

Enten- und Gänsefarmen

In Deutschland gibt es nur wenige Entengroßfarmen und keine speziellen Gänsegroßfarmen, weil Gänse sich wegen ihrer saisonbedingten geringen Legeleistungen und der ebenfalls nur kurzen saisonalen Nachfrage im Herbst kaum zur Produktion in Großfarmen eignen. Solche könnten den größeren Teil des Jahres weder produzieren noch befriedigenden Absatz erzielen. Dagegen ist Gänsemast in Kombination mit einer Entenfarm möglich, wie sie zum Beispiel auf dem Gutshof Niederaltenburg in Oberbayern seit vielen Jahren erfolgreich praktiziert wird.

Im Prinzip bietet die große und oft nicht zu befriedigende Nachfrage nach *frischen* Enten und Gänsen deutschen Erzeugern durchaus interessante Absatzmöglichkeiten. Der jährliche Prokopfverbrauch der bei Enten nur etwa 0,9 kg beträgt und etwa 0,4 kg bei Gänsen, ist steigerungsfähig, zumal in der Bundesrepublik 1995 insgesamt nur 13,3 kg Geflügelfleisch bei einem Fleischverbrauch von 92 kg insgesamt, verzehrt wurden. Demgegenüber beträgt der Geflügelfleischverzehr in den USA fast 44,9 kg pro Kopf. Ein vermehrter Verzehr in Deutschland erfolgt vielleicht nur deshalb nicht, weil in manchen Haushaltungen zum einen die Kenntnisse nicht vorhanden sind, diese köstlichen Braten und Delikatessen zuzubereiten, und das Reinigen des Bratrohres mitunter recht arbeitsaufwendig ist, was aber zu vermeiden ist, wenn in Folie gebraten wird (siehe Kapitel Rezepte). Zum anderen haben vielleicht unbefriedigende Qualitäten bei Billig-Angeboten die Köstlichkeit eines Enten- und Gänsebratens in Vergessenheit gebracht.

Im Zuge der Zeit mit ihrem technischen Fortschritt haben sich weltweit Massentierhaltungen mit rationellen Produktionsmöglichkeiten entwickelt. Die engli-

Einfacher Folienstall bei Auslaufhaltung.

sche Entenfarm CHERRY VALLEY gilt als die größte der Welt. Sie liefert Zucht- und Mastküken in alle Kontinente und produziert jährlich für den britischen Markt etwa 5 Millionen bratfertige Tafelenten, also etwa 20 000 Stück pro Tag. Mit beispielhaften Haltungsformen, strengster Hygiene und wissenschaftlichen Methoden wurden Futterverwertung, Lege- und Fleischleistung erheblich verbessert. Unter einem zielstrebigen Management und bei einer Mitarbeiterschaft von mehreren hundert Beschäftigten werden dort die enormen Chancen, die die Entenhaltung zu bieten vermag, ausgeschöpft. Das Unternehmen ist damit in verhältnismäßig wenig Jahren international wegweisend geworden. Der Besitzer wurde 1983 von der englischen Königin in den Adelsstand erhoben, und das von ihm geführte Unternehmen erhielt 1984 die begehrte *Queens Award,* die königliche Anerkennung und Auszeichnung für erfolgreichen Export im Dienste der britischen Wirtschaft. Inzwischen (1992) erzeugt auch in Westfrankreich die Farm Grimaud Frères, die sich in den letzten zwanzig Jahren zufolge enormer Nachfrage lebhaft entwickelte, jährlich etwa 20 Millionen Flugentenküken mit einem Marktanteil von 45 %. Gab es in Frankreich 1979 nur etwa 100 Betriebe mit Produktionen von mehr als 5000 Enten, so gibt es nun (zufolge einem Bericht in der Zeitschrift DGS) deren fast 1000. Die weiblichen Tiere erreichen nach 70 Masttagen ein Lebendgewicht von 2,4 kg, ein gängiges Gewicht, die männlichen nach 83 Tagen 4,4 kg, sind also zu schwer für den kleinen Haushalt, weswegen sie großenteils zerteilt vermarktet werden, was die Nachfrage sehr belebt. So verzehren die Franzosen zufolge ihrer kultivierten Eßgewohnheiten 1990 pro Kopf bereits 1,9 kg Entenfleisch (Deutschland demgegenüber nur 0,75 kg), der Export wurde innerhalb von zehn Jahren von 2175 t auf 5336 t gesteigert, Leistungen, die sich die deutsche Geflügelwirtschaft versagte.

In diesem Zusammenhang sei noch der ehemalige DDR-Entengroßbetrieb Seddin bei Berlin erwähnt, wo vor der Wiedervereinigung jährlich drei Millionen Hybrid-Entenküken erbrütet wurden, (Haltung der Zuchttiere teilweise auf offenen Karpfengewässern) wovon eine Million verkauft und über zwei Millionen selbst gemästet (in sieben Wochen 2900–3300 g lebend), geschlachtet und dem Konsum zugeführt wurden (DGS 2/91).

Zu einer leistungsfähigen Entenfarm gehören Entenzuchtherden, Brüterei, Aufzüchterei, Mästerei, Schlachterei mit Kühlhaus, Notstromaggregat, Fuhrpark und Entsorgung. Sofern dies alles vorhanden ist, wird selbst dann eine Rendite sich

Eine Lochtränke vermindert auf der Weide das „Verpritscheln" von Wasser.

erst einstellen, wenn auch die guten Federn und Daunen fabrikmäßig zu Bettwaren veredelt werden.

Die Überlegung, wonach beispielsweise eine Wochenproduktion von 5000 Enten einen Aufwand von 45 Tonnen Fertigfutter bedingt, macht im übrigen deutlich, daß in einem solchen Betrieb der spitze Bleistift für sorgfältigste Kalkulation die wichtigste Betriebseinrichtung ist.

Wirtschaftliche Überlegungen für Kleinhalter

Durch die veränderten Umstände war das Interesse vieler bisheriger Kleinhalter in der Bundesrepublik, Fleisch und Federn selbst zu gewinnen, deutlich zurückgegangen. Nachdem sich aber seit einigen Jahren die wirtschaftlichen Gegebenheiten, das Qualitätsbewußtsein und die Einstellung gegenüber Naturprodukten stark verändert haben, hat auch die Bereitschaft zur Gänsehaltung wieder zugenommen, zumal Gänse sich als unermüdliche „Rasenmäher" auf sonst unbenutzten Grundstücken, als scharfäugige und sofort meldende Wächter für das Anwesen, als Verwerter von landwirtschaftlichen Futter-, Garten- und Küchenabfällen, als Zierde im Landschaftsbild und als Lieferanten von Eiern, Fleisch, Schmalz, Federn und Daunen bewähren. Sofern natürlich gehalten, sind sie nach der Aufzucht und der zweiten Mauser von robuster Gesundheit und großer Anspruchslosigkeit. Die genannten Vorteile sind so offensichtlich, daß immer mehr Besitzer von Land sich der Haltung von Gänsen zu Erwerbszwecken oder als Hobby zuwenden.

Haltung von Enten und Gänsen ist natürlich umso wirtschaftlicher, je weniger Kosten sie macht und je bessere Preise erzielt werden. Wer zum Erwerb oder aus Liebhaberei Enten und Gänse mästet, kann sich aber nicht nur erfreuliche Nebeneinkünfte, sondern auch allerlei sonstigen Nutzen verschaffen. Besonders wirtschaftlich sind Kleinhaltungen, sofern die Arbeit finanziell unberücksichtigt bleibt.

Ungenutztes Grünland oder sonst geeignetes Gelände wie auch Gewässer sollten vorhanden sein. Enten und Gänse finden dort viel Futter selbst, und wenn unverkäufliche wirtschaftseigene Futtermittel vorhanden sind, lassen sich solche noch gewinnbringend durch Haltung von Enten und Gänsen verwerten. Wie kaum andere Haustiere eignen sie sich auch für billige Extensivhaltung. Ihre Bedürfnisse für die Unterbringung sind gering; eine Hütte ist, sofern nicht schon vorhanden, bald gezimmert und auch ausreichend, wenn sie nur Dach, trockene Einstreu und Schutz vor Zugluft und vor Raubzeug bietet.

Pekingenten-Eintagsküken kosten ungefähr 1,50 bis 3,– DM und brauchen bis zur Schlachtreife vor der ersten Mauser, also im Alter von 7–9 Wochen rund 8 kg Trockenfertigfutter, die bei etwa 0,45 DM je kg 3,60 DM kosten. Voraussetzung für solchen – günstigen – Futterpreis ist An-

Preiswerte und wenig aufwendige, natürliche Gänsehaltung.

Natürlich-gesunde Gänse-Kleinhaltung.

Die Enten- und Gänserassen

Enten und Gänse gehören zur Ordnung der Schwimmvögel mit Siebschnabel. Die Schnabel- und Zungenränder sind so fein gezahnt, daß mit dieser siebartig wirkenden Zahnung im Wasser befindliche Nahrungsteilchen ausgefiltert werden können. Wenn Enten immer wieder den Kopf wie spielerisch ins Wasser tauchen oder an der Oberfläche mit dem Schnabel entlangschlabbern, so ist damit meist auch Nahrungsaufnahme verbunden. Die Schnäbel sind mit einer feinen Haut überzogen, und an der Schnabelspitze befindet sich meistens ein „Nagel".

Enten gehören als Unterfamilie in die Familie der Gänse. Es gibt annähernd 150 Arten. Unsere Hausenten stammen von solchen ab, die sich domestizieren ließen. Allgemein wird die in vielen Ländern weitverbreitete Stockente für die Urmutter der Hausente gehalten, was aber bezweifelt werden muß, da die Brut der Stockenten nur 21 bis 25 Tage, die der Hausenten in der Regel jedoch 28 Tage dauert.

Rassen von Nutz- und Zierenten

Enten für Fleisch und Federn

Pekingenten

Als Nutz- und Wirtschaftsenten für die Gewinnung von Fleisch und Federn werden hierzulande hauptsächlich die flugunfähige, weiße Pekingente und die amerikanische Pekingente gehalten. Etwa im Jahre 1870 wurden für den zoologischen Garten der belgischen Stadt Gent aus China reinweiße, als „Peking-Enten" bezeichnete Enten verschifft. Unter diesem Namen begann dann deren allmähliche Verbreitung in Europa, wobei Züchtungen auf Leistung wohl nur in geringem Umfang erfolgten. Kennzeichen dieser Ente sind eine eher aufrechte Haltung und ein kurzes Hinterteil, so daß sie insgesamt gedrungen wirkt. Ungefähr zur selben Zeit wurden aus China diese Enten auch in den USA eingeführt und dort mit der schweren Aylesburyente, vermutlich zur Verbesserung der Eierleistung, erfolgreich gekreuzt. Später gelangten sie als „Amerikanische Pekingenten" nach England und dann auch nach Deutschland. Seither sind beide Schläge massenhaft vermischt und vermehrt worden, so daß eine Unterscheidung in der Praxis oft kaum noch möglich ist. Meistens stammen von diesen verbreitet gehaltenen Enten die Küken ab, welche auf Wochenmärkten oder in den Anzeigenteilen der landwirtschaftlichen Blätter angeboten werden (s. Bild Seite 21).

Flugenten, Barbarie-Enten

In den letzten Jahren wird zunehmend die flugfähige, und daher allgemein als *Flugente* bezeichnete, aus Mittel- und Südamerika stammende, wild von Mexiko bis Paraguay vorkommende Ente gehalten, auch Warzen-, Moschus-, Stumm- und Türkenente genannt (s. Bild Seite 21). Warzenenten waren das einzige Hausgeflügel der Inkas. Bereits 1555 wurden diese kostbaren Braten in Paris auf den Märkten angeboten! Sie ist relativ fettarm, hat mehr Brustfleisch, von vorzüglichem Geschmack und zunehmend beliebt. Auf Eignung und spezielle Eigenschaften der Peking- und Flugenten wird in den folgenden Kapiteln noch ausführlich eingegangen.

Wer bei der Verwertung von Enten nicht mit dem Angebot von Kaufhausketten konkurrieren muß, kann sich auch anderen guten Wirtschaftsrassen zuwenden, zum Beispiel:

Aylesbury-Enten

Herkunftsland ist England. Das Gefieder ist weiß, der Schnabel blaßrosa. Ein schwerer Schlag mit bestem Fleisch. Der

Links oben: Peking-Landente (Erpel)
Rechts oben: Flugente oder Barbarie-Ente, farbiger Schlag
Links Mitte: Cayugaente (Erpel)
Rechts Mitte: Zwergente (Erpel)
Links unten: Reiherente (Erpel)
Rechts unten: Kolbenente (Erpel)

Bauch ist kielartig ausgebildet. Die Eierleistung ist deutlich geringer als bei der Pekingente. Das Schlachtgewicht des Erpels liegt bei 4,5 kg, das der Ente bei 4 kg; hoher Fleischanteil. Da solche Entengewichte an die von Gänsen heranreichen, was häufig gewünscht wird, verdient diese Ente mehr Beachtung. Für Massenproduktion konnte sie sich nicht durchsetzen. In Deutschland ist sie schwer erhältlich.

Rouen-Enten

Herkunftsland ist Frankreich. Das Erpelgefieder ist herrlich bunt und ähnelt dem der Stockenten. Eine schwere, fast massige Ente, die sogar über 5 kg schwer wird. Das Fleisch ist besonders zart, saftig und wohlschmeckend. Die Zuchtenten legen pro Saison etwa 80 Eier. Rouen-Enten sind wenig anspruchsvoll.

Pommernenten

Sie werden auch Schwedenenten genannt, weil Vorpommern nach dem 30jährigen Krieg an Schweden fiel und danach teilweise zu Schweden gehörte. Ein robuster, schwerer Landschlag. Das Erpelgefieder ist grau-blau mit weißem Hals und Brustlatz. Pommernenten sind nur noch wenig verbreitet.

Sachsenenten

Eine in den dreißiger Jahren entstandene Kreuzung aus Rouen-, Peking- und Pommernenten. Das Gefieder ist weiß oder grau. Sachsenenten sind heute weitgehend von der Pekingente verdrängt.

Legerassen

Für die Erzeugung von Eiern zur menschlichen Ernährung werden spezielle Legerassen gehalten. Weitverbreitet ist hierfür zum Beispiel die Indische Laufente (s. Bild Seite 75).

Indische Laufente

Sie geht fast aufrecht ohne zu watscheln. Das Gefieder ist rehfarben, es gibt aber auch reinweiße und zum Teil gescheckte, braune und schwarze Zuchtrichtungen. Sie ist sehr frühreif, beginnt bereits im Alter von nur vier Monaten mit dem Legen und hält das dann etwa 13 Monate durch. In einer holländischen Farm wurde nach dortigen Angaben in 13 Monaten eine durchschnittliche Legeleistung von 365 Eiern erreicht, mithin fast jeden Tag ein Ei. Der Verfasser zitiert das mit Vorbehalt. Die in England hochgezüchtete spezielle **Hybridlegeente Cherry Valley 2000** erreicht nachweislich eine Jahreslegeleistung von 275 Eiern.

Links oben: Spießente (Erpel)
Rechts oben: Mandarinente (Erpel)
Links unten: Brautente (Erpel)
Rechts unten: Eiderenten (im Vordergrund der Erpel)

Stockentenpaar, häufigste einheimische Wildentenart.

Khaki-Campbellente

Diese Entenrasse ist mäßig verbreitet. Sie ist eine Kreuzung aus Lauf-, Wild- und Rouenente britischer Herkunft mit ähnlich hohen Leistungen wie die der Indischen Laufente.

Orpington-Ente

Zu den Legeenten ist schließlich noch diese Rasse zu zählen, die nicht nur gute Eierleistungen, einen Eigeschmack ähnlich dem von Hühnereiern, sondern auch befriedigende Fleischleistungen erbringt. Ihr Gefieder ist meist ledergelb, selten blau. Sie gilt als gute Weideente. Ihre Haltung ist Liebhaberei.

Wildenten

Alle Nutzenten stammen ursprünglich von Wildenten ab, von denen in Europa, Nordamerika und Asien die am weitesten verbreitete die **Stockente** ist, zoologisch als „gemeine, wilde Ente" bezeichnet. Der Erpel trägt auf dem Bürzel zwei kleine, aufwärts gekrümmte, als Trachtenhutschmuck sehr beliebte Federn. Seine Stimmlage ist tiefer als die der kleineren Ente, deren Laut hoch und kräftig ist. Stockenten nisten auf Horsten in Teichen, Seen und Sümpfen, auch auf alten Weidenbäumen und Erlen, sogar in verlassenen Raben- und Elsternnestern, aus denen die Enten ihre Küken nach dem Schlupf geschickt im Schnabel herabbringen. Grünfutter verschiedenster Art, Insekten, alles kleine Wassergetier und Schnecken sind ihre Nahrung, sie fallen aber auch abends in Getreidefelder ein, vorwiegend in Hafer und Gerste, und tun sich gütlich. Gern siedeln sie sich in Parks an, wo sie bald ihre sonst ausgeprägte Scheu vor dem Menschen verlieren. Die bei uns heimischen Krick- und Knäckenten verhalten sich ähnlich.

Zierenten

Es gibt nicht viele Tiere, die durch die bunte Pracht ihrer herrlichen Farben und mit ihrem munter friedlichen Gehabe die Natur so beleben und verschönen wie Zierenten. Auf Gewässern wirken sie wie bewegliche Blumen und erfreuen stets von neuem den über die schöpferische Natur staunenden Betrachter.

Wer das Glück hat, ein ländliches Anwesen oder ein Gartengrundstück zu besitzen, ohne jedoch profanen Nutzen daraus ziehen zu wollen, sollte sich nicht das tägliche Ergötzen entgehen lassen, welches die schönen, liebenswerten und harmlosen Tiere durch ihren Anblick schenken. Viele Grundstücke lassen sich durch Anlage eines schilfpflanzengesäumten kleinen, flachen Teiches beleben. Wer bereits einen Teich hat, der noch nicht mit Zierenten besetzt ist, bringt sich um manche Freude. Welches Entzücken und welche freudige Aufregung für die ganze Familie, wenn Entenmütter, nachdem sie wochenlang unauffindbar irgendwo im Gelände verschwunden waren, eines Tages mit ihrer stolzen Kükenschar wieder erscheinen.

Erwähnung aller über die Welt verbreiteten Rassen und Schläge würde ein Buch füllen. Darum seien nur die wichtigsten Arten aufgeführt, die von Züchtern in Deutschland angeboten werden:

Hochbrutflugenten

Sie sind nicht zu verwechseln mit den als „Flugenten" bezeichneten Warzenenten. Gefieder und Verhalten ähneln den Stockenten. Es gibt weiße und bunte Schläge. Sie brüten in hoch über dem Boden angebrachten Nestern oder Körben. Das Flugbild der standorttreuen Tiere führt zu herrlicher Belebung des eigenen Gebietes.

Cayugaenten

Sie stammen vom Cayugasee im Staate New York. Sie sind mittelgroß, der ganze Körper ist schwarz, auf Kopf, Hals und Rücken liegt metallisch-grüner Glanz. Der Flügelspiegel ist blau. Eine Gruppe Cayugaenten bildet einen schönen Kontrast im Landschaftsbild (s. Bild Seite 21).

Smaragdenten

Sie stammen ebenfalls aus Nordamerika und sind der Cayugaente ähnlich, jedoch bedeutend kleiner und leichter. Der Erpel wiegt etwa 1 kg, die Ente 0,75 kg. Das Gefieder ist tiefschwarz mit smaragdgrünem Glanz.

Zwergenten
Sie sind sehr klein und leicht, unter 1 kg. Das Gefieder ist bunt aber auch weiß. Bei Jagden werden sie als Lockente benutzt. Die Abbildung Seite 21 zeigt die Zwergform einer Stockente.

Reiherenten
Sie haben am Hinterkopf einen Federschopf ähnlich Reihern, vor allem der Erpel. Hals, Brust und Rücken sind schwarz, die Schwingen weiß, die Augen gelb, der Schnabel blau. Der Rumpf ist kurz und gedrungen. Sie sind elegante, flinke Taucher, sehr beliebt und auf Parkgewässern häufig. Sie nisten gern auf bewachsenen Inselchen (s. Bild Seite 21).

Löffelenten
Löffelenten sind ebenfalls Tauchenten. Sie haben einen dunkelgrünen Kopf, eine weiße Brust, braune Schwingen, einen dunklen Rücken und einen breiten, unverkennbaren löffelartigen Schnabel.

Bahamaenten
Sie stammen aus dem tropischen und subtropischen Amerika. Da sie wetterhart sind, sind sie auch in Europa gut zu halten. Eine dunkle Kappe auf dem Kopf führt bis zum Nacken; Gesicht und Kehle sind weiß, der Rumpf ist gesprenkelt.

Rotkopfenten
Sie stammen aus Kalifornien, haben einen leuchtend rotbraunen Kopf und sonst graues Gefieder, die Augen sind Gelb, der Schnabel blau.

Chilenische Pfeifenten
Sie sind im südlichen Südamerika beheimatet. Sie sind typische Gründelenten und bevölkern ausschließlich Binnengewässer, wie flache offene Lagunen, periodisch wasserführende Pampasseen, ruhige Flußläufe und Niederungen. Das jährliche Gelege sind 6 bis 9 Eier, die Brutdauer beträgt 25 Tage. Sie sind geeignet für Gehege und Volieren und nisten in Höhlen. Mit anderen Enten sind sie gesellig jedoch mitunter zänkisch.

Kolbenenten
Sie sind in Europa und Asien weitverbreitet, haben einen leuchtend rosa Schnabel, rotbraunes Köpfchen, weißbraun-schwarzes Gefieder mit grauen Schwingen, schwarzem Bürzel und roten Augen. Es sind Tauchenten, die ihre Nahrung auf dem Grund von flachen Gewässern suchen. Sie nehmen vorbereitete, einige Meter hoch angelegte Brutplätze z. B. Körbe an, aber auch Hütten und Nisthöhlen (s. Bild Seite 21).

Mandarinenten
Mandarinenten sind wohl die schönsten Zierenten und Juwele der Vogelwelt. Das Herkunftsland ist Ostasien. Das Gefieder des Erpels ist herrlich bunt mit segelartigen Schulterfedern, der Schnabel rot. Die Ente wirkt exotisch, baumt auf, klettert auf Bäumen herum, brütet gern in Baumhöhlen und Kästen. Sie ist fast stumm, nur Knurr- und Pieptöne sind zu vernehmen. Sie ist leicht züchtbar, winterhart und robust, auch für Kleingehege geeignet. Sie

zeigt ein mutiges Gehabe. In ihrer ostasiatischen Heimat sind Mandarinenten durch großräumige Abholzungen fast ausgerottet, obwohl sie bei den Chinesen als Sinnbild ehelicher Treue und also bei Hochzeiten hohen Symbolwert haben, zumindest aber hatten! In Liebhaberhaltungen der ganzen Welt sind sie dennoch häufig anzutreffen (s. Bild Seite 22).

Brautenten
Sie stammen aus Nordamerika. Mit bunten Tupfen und Linien sind sie herrlich gezeichnet. Haltung und Pflege machen wie bei Mandarinenten kaum Schwierigkeiten, sie leben nach Art unserer heimischen Krickenten und brüten in Baumhöhlen. Sie sind sehr beliebt, fliegen gut aber darum auch gerne davon, weswegen das Kupieren eines Flügels zweckmäßig ist (s. Bild Seite 22).

Tafelenten
Sie gehören zu den häufigsten heimischen Tauchenten. Sie sind klein, haben einen braunen Kopf, graues Gefieder, braune Brust und schwarzen Gürtel. Sie halten sich mit Vorliebe auf Gewässern auf, sind genügsam, friedfertig und unschwer zu halten.

Eiderenten
Eiderenten sind in arktischen Gebieten heimisch, kommen aber auch an den Nordseeküsten vor. Die Erpel sind oben weiß mit eleganter schwarzer Zeichnung auf dem Kopf bis zum Schnabel (s. Bild Seite 22). Die zarten Daunen, die Eiderenten sich zur Nestauskleidung auszupfen, haben eine erstaunliche, gegenüber Daunen von anderen Enten bedeutend höhere Wärmewirkung, weswegen sie sehr begehrt sind. Nach der Brut gehen Sammler die Nester ab und pflücken jene kostbaren Daunen heraus, deren Preis etwa zehnmal so hoch ist wie der von Daunen der Wirtschaftsenten und -gänse. Da Eiderenten wegen ihrer Daunen früher rücksichtsloser Nachstellung ausgesetzt waren, stehen sie jetzt allgemein unter Naturschutz. Als Tauchenten ernähren sie sich von Meeresgetier. Es sind große, fast plumpe aber schöne Enten, deren vermehrte Haltung sich anbietet und die sich gut domestizieren lassen, sofern es gelingt, Elterntiere und Küken zu beschaffen. Allerdings gestaltet sich möglicherweise die Ernährung problematisch.

Schellenten
Diese Zugvögel des nördlichen Eurasiens haben einen schwarz-grünlichen Kopf mit weißem Fleck am seitlichen Schnabelansatz und eine steile, hohe Stirn. Schnabel schwarz, Augen gelb, Brust und Bauch weiß, Rücken schwarz. Possierliche Tauchente auf großen Teichgewässern. Erst im 3. Jahr fortpflanzungsfähig, brütet in Baumhöhlen, auch hochgehängten Nistkästen, bis in Höhen von ca. 15 m. Brutdauer 30 Tage. Gründelente, taucht etliche Meter tief. Küken verlassen bald das Nest, fallen, da federleicht, ohne Schaden zu Boden, klettern dank ihrer scharfen Krallen geschickt ins Nest zurück. Flitzen, zum Beispiel auf Insektenjagd, übers Was-

ser hin und her. Haltung wenig problematisch, sofern artentsprechende Nistgelegenheit und eisfreies Gewässer gegeben. Falls Gewässer ohne zureichendes Nahrungsangebot, ggfs. kleinzerteilte Fisch- oder Fleischstücke zufüttern.

Spießenten

Sie stammen aus den nördlichen Breiten rund um den Globus. Kopf schwarzbraun, Schnabel hellgrau mit schwarzem Längsstreifen, Brust und Bauch weiß mit beidseits schmalem Fortsatz am Hinterkopf. Schwarzer, spießartiger Schwanz, Flügelschwungfedern schwarzgrau. Brutdauer 23 Tage; Ente sitzt dann fest und fällt ggfs. Raubzeug zum Opfer. Viel Futteraufnahme durch Gründeln (s. Seite 22).

Rassen von Nutz- und Ziergänsen

Gänse für Fleisch und Federn

Für Gänsehaltung zur Gewinnung von Fleisch und Federn eignen sich die in Deutschland gehaltenen Landschläge, die wie auch die meisten sonstigen europäischen und asiatischen Hausgänserassen von der wilden Graugans abstammen (s. Bild Seite 29). Im Laufe der Zeiten haben sich zahlreiche Variationen an weißen und bunten, großen und kleinen Hausformen entwickelt. Die eigentliche Gänsezucht auf Rasse und hohe Leistungen liegt in der Bundesrepublik Deutschland im argen, da die Erträge solcher aufwendigen Zuchtarbeit vorläufig die Kosten nicht decken. Wer daher Gössel von Händlern kauft, weiß nur selten, was er bekommt. Häufig sind es unwägbare Kreuzungen. Dennoch ist Gänsezucht und -haltung eine schöne Liebhaberei, und es gibt durchaus Kleinhalter, die sich bemühen, bestimmte Rassen weiterzuzüchten. Folgende Rassen sind in Deutschland verbreitet, wenn auch „rein" nur noch selten erhältlich:

Emdenergänse

Sie haben guten Fleischansatz, weißes Gefieder, werden groß und schwer. Die Eierleistung beträgt 30 bis 40 Stück. Diese Gans ist auch in England und Amerika häufig und wird dort „Embden Goose" genannt.

Pommerngänse

Pommerngänse sind ebenfalls gute Fleischgänse mit weißem und grauem Gefieder. Sie brüten gut, legen aber nur 20 Eier. Ihr Vorkommen liegt hauptsächlich in Ostdeutschland und in Polen. Pommerngänse sind fleißige Weidegänse.

Links oben: Graugans
Rechts oben: Höckergans und Höckerganter
Links Mitte: Toulouser Gänse
Rechts Mitte: Lockengänse
Links unten: Kanadagans
Rechts unten: Streifengans

Diepholzergänse

Sie ähneln der Emdengans, sind etwas leichter als diese und die Pommerngänse, haben weißes Gefieder, sind einigermaßen anspruchslos hinsichtlich der Weide, legen 30 bis 40 Eier und führen Gössel zuverlässig.

Rheinische Viellegergänse

Sie legen an die 60 Eier, erreichen gängige Marktgewichte von 4 bis 6 kg, haben weißes Gefieder; bedauerlicherweise wurde die Herdbuchzucht im Rheinland vor geraumer Zeit eingestellt.

Höckergänse

Auch Chinagänse genannt; sie werden vorwiegend in Japan und China, aber auch in Europa gehalten. Charakteristisch ist der Stirnhöcker, der mit zunehmendem Alter immer ausgeprägter wird. Wegen ihres im Vergleich mit anderen Gänsen langen Halses werden Höckergänse auch Schwanengänse genannt. Sie sind fruchtbar, legen etwa 40 Eier, sind kleiner und leichter als die vorgenannten Gänse, das Gefieder ist meist grau. Es gibt auch weiße Höckergänse, sie sind jedoch kaum erhältlich. Der Brustfleischansatz von Höckergänsen ist geringer als der anderer Mastrassen. Ihr Ruf ist laut und trompetenartig (s. Bild Seite 29).

Toulouser Gänse

Sie stammen aus Frankreich, wo sie auch heute hauptsächlich verbreitet sind. Es sind massig schwere, für den Markt fast zu schwere Gänse, da sie lebend 8 bis 10 kg wiegen. Zuchttiere werden noch schwerer. In Frankreich werden Toulouser Gänse vor allem zur Erzeugung von Stopflebern gehalten. Das Gefieder ist grau, charakteristisch sind die ausgeprägten Hals- und Bauchwammen. 30 Eier pro Jahr sind befriedigend. Sie sind wie auch Höckergänse ein malerischer Anblick, weswegen sie gern als Ziergänse gehalten werden (s. Bild Seite 29).

Lockengänse

Sie haben weißes, langes und gekräuseltes Gefieder und werden hauptsächlich in Südosteuropa gehalten (s. Bild Seite 29).

Ziergänse

Auch Ziergänse bereichern das Landschaftsbild. Zwar gibt es sie nicht in der Vielfalt wie Zierenten, aber genug, um Haltern die Wahl schwer zu machen. Gänse vom Ausland lebend zu importieren, macht allerdings kaum zu bewältigende Schwierigkeiten. Die hier aufgeführten Rassen werden auch in Deutschland gehalten und sind erhältlich.

Die Gelege der Ziergänse bestehen aus etwa 5 bis 7 Eiern. Werden die Eier weggenommen, kommt es meistens zu einem zweiten Gelege. Schwimmgewässer und reichlich Weideland sollten vorhanden sein. Die Ziergänse suchen sich dann den größten Teil ihres Futters selbst. Reicht die natürliche Futtergrundlage nicht aus, sind Körner oder ein nichtmastiges Geflügelfutter in Pelletform zuzufüttern.

Kanadagänse
Der Name weist auf ihre Herkunft. Sie haben einen schwarzen Kopf, Schnabel und Hals; Wangen und Kehle sind weiß, das Gefieder sonst überwiegend braun. Sie sind langlebig und robust, können daher im Freien überwintern. Sie bleiben gern auf dem Wasser. Als Ziergänse sind Kanadagänse in Europa weit verbreitet. Es gibt etliche Unterarten (s. Bild S. 29).

Streifengänse
Sie stammen aus Mittelasien, tragen über dem weißen Kopf und Nacken zwei zebraartige schwarze Querstreifen, das Gefieder ist sonst silbergrau. Eine kleine, possierliche und zutrauliche Gans (s. Bild Seite 29).

Rothalsgänse
In den Tundren beheimatet, sind sie besonders schön schwarz-weiß-rötlich gezeichnet, der Schnabel ist klein und kurz. Sie sind kaum größer als Pekingenten und anspruchslos, daher leicht zu halten und standorttreu. In der Natur sind sie vom Aussterben bedroht.

Rotkopfgänse
Beheimatet in Patagonien, Feuerland und auf den Falklandinseln. Das Gefieder von Gans und Ganter ist gleich: Kopf, Hals und Schwingen sind zimtbraun, sonst Rücken und Bauch fein gestreift. Sehr kleine Gänseart; als Ziergänse brauchen sie eine gesunde Grasnarbe und gehaltvolles Mischfutter. Erst mit drei Jahren fortpflanzungsfähig (s. Bild Seite 32).

Nonnengänse
Auch Weißwangengänse genannt, kommen sie auf Grönland, Spitzbergen und Nowaja Semlja vor und überwintern zu Zehntausenden im Raum Nordsee und Großbritannien. Ihr „Gesicht" ist weiß, auf dem Kopf haben sie eine schwarze „Mütze", Hals und Vorderteil der Brust sind schwarz, der Bauch grauweiß, die Schwingen silbergrau. Nonnengänse sind robust, langlebig, anspruchslos und verträglich (s. Bild Seite 32).

Nilgänse
Sie kommen an den Binnengewässern von fast ganz Afrika vor außer in Nordafrika westlich Ägyptens. Das Gefieder ist braunrötlich, um die Augen haben sie einen ausgeprägten dunkelbraunen Ring. Da sie sehr robust sind, ist ihre Haltung einfach aber wegen ihrer Streitsucht und ihrem lauten Ruf nicht unproblematisch. Den alten Ägyptern war die Gans heilig und wurde im Haus gehalten.

Magellangänse
Sie kommen vom südlichen Südamerika. Jäger haben ihre natürlichen Feinde so reduziert, daß sie sich enorm vermehrt haben. Sie sind mittelgroß und kräftig. Mit ihrem weißen Kopf, schwarzen Schnabel und Paddeln, weißer Brust, weißem Bauch und weißgrau gestreiftem Rücken sind sie sehr farbenprächtig. Zu anderem Wassergeflügel sind die Ganter allerdings aggressiv, ansonsten sind Magellangänse leicht zu halten. Sie sind anspruchslos in Pflege und Ernährung (s. Bild Seite 32).

Kaisergänse
Sie kommen aus den Tundren Sibiriens und Alaskas am Beringmeer und werden seit Anfang des Jahrhunderts auch in Europa, allerdings vorerst noch selten, gehalten. Sie beleben und verschönen jede Teich- und Parkanlage mit ihrem prächtigen grau-weiß-schwarzen, hühnerähnlichen Gefieder, weißem Kopf, schwarzer Kehle und schwarzen Augen (s. Bild Seite 32).

Witwenpfeifgänse
Die lebhaften, kleinen Gänse kommen in Afrika, sowie Süd- und Mittelamerika vor. Ihr „Gesicht" ist weiß, Schnabel und Hinterkopf sind schwarz, die Ständer gelblich, das sonstige Gefieder ist braun bis schwarz. Die Gans ist fruchtbar und leicht zu halten.

Zwergbleßgänse
Sie stammen aus arktischen Gebieten und sind sehr klein mit einem weißen Fleck auf der Stirn über der Schnabelwurzel. Das Gefieder ist grau-braun, Brust und Bauch sind hellgrau mit schwarzen Flecken. Der Schnabel ist rötlich und kurz. Als Ziergänse sind sie wegen ihrer geringen Größe, ihrer Verträglichkeit und Zutraulichkeit, und weil sie leicht züchtbar und in der Haltung unproblematisch sind, sehr geschätzt (s. Bild Seite 32).

Ziergänse
Links oben: Rotkopfgans
Rechts oben: Mähnengans
Links Mitte: Nonnengans
Rechts Mitte: Magellangans
Links unten: Kaisergans
Rechts unten: Bleßgans

Die richtige Rasse für die Nutzhaltung

Enten für gute Leistung

Zweck und Ziel einer Entenhaltung bestimmt die Wahl der Rasse. Wer Eier, Fleisch und Federn hauptsächlich zur Eigenverwertung zu gewinnen wünscht, kann sich extensiver Haltung zuwenden; scharfe Kostenkalkulation und eventuelle kritische Käuferbeurteilung der Produkte fallen weniger ins Gewicht. Für solche Haltungen ist die deutsche Pekingente, ein robuster, nicht auf spezielle Leistung gezüchteter, sondern lediglich nach Bedarf vermehrter, weißfedriger Landschlag, geeignet.

Wer allerdings Einnahmen und Gewinne durch Verkauf seiner Entenprodukte erzielen will, wird dem Rechenstift zu folgen haben. Da Konkurrenz zu anderen Anbietern besteht, wird eine durchgezüchtete Ente gebraucht, die die Forderungen nach Schnellwüchsigkeit, bester Futterverwertung, gutem Fleischansatz und weißem Gefieder erfüllt, und außerdem hohe Eierleistungen, beste Befruchtung und Schlupfresultate von den Elterntieren erwarten läßt, so daß Qualität und Preis der Endprodukte den Erwartungen des Marktes entsprechen.

Hierfür kommen praktisch nur Hochleistungspekingenten oder Flugenten (Warzenenten) in Betracht. Die genannten Forderungen des Marktes können durch Hybridzucht erfüllt werden, wie sie in der, bereits erwähnten, international führend gewordenen und aller Konkurrenz überlegenen, britischen Großfarm Cherry Valley und dem westfranzösischen Unternehmen der Gebrüder Grimaud betrieben wird. Freilich stellen Hochleistungsenten strenge Forderungen an ständig optimale Haltung, weil sie auf Beeinträchtigungen empfindlicher reagieren als die robusteren Landschläge. Für gewerbliche Halter bedeuten Hochleistungsenten, sofern sie sich solche Tiere nicht selbst beschaffen, starke Konkurrenz, der allenfalls durch sehr billiges Futter oder spezielle Absatzvorteile begegnet werden kann.

In der Übersicht auf Seite 36 und 37 werden die in etwa zu erwartenden Leistungen von deutschen Pekingenten, Hochleistungshybriden und Flugenten (Warzenenten) aufgeführt.

Aus diesem Vergleich ist ersichtlich, daß die deutschen Pekingenten und die Hochleistungshybriden sowohl für saisonale als auch für ganzjährige Schnellmast geeignet sind. Allerdings haben deutsche Pekingenten gelegentlich uneinheitliche und weniger zufriedenstellende Schlachtkörper und Gewichte. Auch Flugenten (Warzenenten) sind für saisonale und ganzjährige Schnellmast gut geeignet, wobei zu berücksichtigen ist, daß sie kälteempfindlicher sind, abgesehen davon, daß es im Winter schwierig sein kann, Küken überhaupt zu bekommen.

Für Kleinhaltungen sind die Flugenten auch deshalb geeignet, weil sie zutraulich und angenehm ruhig sind, während lautes Enten- oder Gänsegeschnatter heutzutage zu nachbarlichem Ärger führt. Wegen ihrer Weidefreudigkeit und einer gewissen Ähnlichkeit ihres Bratens mit dem der Gans, wird sie auch als „Gans der kleinen Familie" angesehen. Kleinhaltungen betreiben zudem seltener die aufwendige, von Anfang bis Ende schwierige und wenig rentable Wintermast, auf die größere Betriebe nicht verzichten können, weil sie ihre Arbeitskräfte beschäftigen, die Produktionsanlagen in Betrieb halten und Lieferfähigkeit für ihre Kundschaft sicherstellen müssen, damit sie durch mangelnde Liefermöglichkeiten von der Konkurrenz nicht vom Markt verdrängt werden.

Die in der Tabelle aufgeführten Leistungen sind allerdings nur bei bester Haltung der Tiere zu erzielen. Dabei werden für den geschäftlichen Erfolg die positiven Gegebenheiten der jeweiligen Entenrasse bei weitem nicht so zu Buch schlagen wie

Enten müssen in kurzer Zeit eine hohe Leistung bringen.

Leistungsvergleich von Wirtschaftsenten unter Voraussetzung bester Haltung

	Deutsche Peking	Hybridpeking schwere Mastrasse	Hybridpeking mittel-schwere Mastrassen	Flugenten (weiß) männlich	Flugenten (weiß) weiblich
Legereife der Zuchtenten Alter in Wochen	~ 27	24	24	–	28
Geschlechtsreife der Zuchterpel Alter in Wochen	~ 27	26	26	28	
Eierleistung pro Jahr	~ 180	210	210	–	80
Befruchtung in %	80–90	80–90	80–90	70–85 Hybridtiere bis 95	
Schlupfergebnisse gerechnet von der Einlage (April–Dezember)	70–85	70–85	70–85	60–85 Hybridtiere bis 88	
Schlachtalter bei Intensivmast (Tage)	63	47	47	77	70
Ungefährer Futterverbrauch bis Schlachtreife (kg)	~ 9	8,38	7,64	11,69	6,27
Verhältnis Lebendgewicht zu Futterverbrauch (Verwertung)	~ 1:3,5	1:2,82	1:2,85	1:2,85	1:2,85
Federn/Daunen-Ertrag	von 15 Enten	1 kg verwertb. F + D.		105 g	75 g
Federn/Daunen-Qualität	gut	gut	gut	sehr gut	
Ansprüche an Hygiene	mäßig	hoch		mäßig-hoch	
Masthaltung	intensiv u. extensiv	intensiv		intensiv u. extensiv	

Leistungsvergleich von Wirtschaftsenten unter Voraussetzung bester Haltung (Fortsetzung)

Gewichte in Gramm	Deutsche Peking	Hybridpeking schwere Mastrasse	mittelschwere Mastrassen	Flugenten (weiß) männlich	weiblich
Schlachtreif, nüchtern, lebend	2287	3110	2775	4030	2200
Gesamtgefieder	170	219	200	325	201
Blut	88	135	90	151	84
Darm	130	162	145	230	112
Magen, geschlossen	87	95	87	120	69
verwertbar	75	80	70	104	35
Herz	16	21	20	32	17
Hals	136	201	166	205	115
Leber	47	75	73	90	51
Galle	4	5	4	5	2
Kopf	92	65	60	80	51
Paddel	55	70	64	115	49
Rumpf, bratfertig ohne Innereien	1461	1982	1796	2679	1449
mit Hals, Magen, Leber, Herz	1660	2359	2125	3100	1667
Knochen d. bratfertigen Rumpfs	150	220	180	290	151
Brustfleisch incl. Haut	279	420	400	610	460
Schlachtausbeute im Verhältnis zum Schlachtgewicht	72,6	75,8	76,5	76,8	75,8

Allgemeines:
Deutsche Pekingenten: scheu, leicht erregt, schnatternd, uneinheitliche Schlachtkörper.
Hybridpeking: scheu, leicht erregt, schnatternd, in Großbetrieben weltweit verbreitet.
Flugenten: ruhig, zutraulich, fast stumm. Deutlich geringere Wasservergeudung, dadurch weniger Einstreubedarf. Frostempfindlich. Kräftig und temperamentvoll, wenn sie angegriffen werden. Wegen der scharfen Krallen Stulpenhandschuhe anziehen oder Krallenspitzen zwischen 20. und 25. Lebenstag abzwicken. In Frankreich stark bevorzugt, weltweit verbreitet.

das Geschick des Halters nicht nur erstklassige Qualitätsprodukte zu erzeugen, sondern auch zu guten Preisen zu verkaufen. Wenn dies nicht gelingt, werden auch ausgetüfteltste Ertragsrechnungen Theorie, und alle Mühen vergeblich bleiben. Abgesehen davon ändern sich die Kosten meist mit steigender Tendenz, wobei die heute, also 1997, bei Großabnehmern erzielbaren Preise noch immer etwa die gleichen wie vor vierzig Jahren sind. Daß es dabei überhaupt noch möglich ist, Enten gewinnbringend zu erzeugen und zu verkaufen, liegt an der inzwischen bedeutenden Rationalisierung in Haltung und Schlachtung, den hochgezüchteten Leistungen der Tiere und den sehr verbesserten, wissenschaftlich ausgewogenen und industriell hergestellten Fertigfuttern.

Die effektive Wirtschaftlichkeit der Entenrassen hängt von den Produktionskosten und dem Verkaufspreis ab. Im Prinzip sind bei deutschen Pekinglandenten und Hochleistungs-Pekinghybridenten die Produktionskosten durch relativ günstigen Kükenpreis und relativ kurze Mastzeit gegenüber Flugenten billiger, dementsprechend auch die Erlöse geringer. Hingegen sind bei Flugenten die Küken wegen der deutlich geringeren Eierleistung der Elterntiere teurer, dauert die Mast um etwa die Hälfte der Zeit länger, sind aber auch die Erlöse deutlich höher. Innerhalb der Mastzeit für Flugenten lassen sich mindestens anderthalbmal so viele Pekingenten mästen. Wird beispielsweise bei Verkauf an Händler je Flugente, einschließlich Federnerlös, ein Überschuß von 5,- DM und je Pekingente von 3,- DM unterstellt, dann ist das wirtschaftliche Resultat letztlich ungefähr dasselbe. Für welche Entenrasse ein Halter sich entscheidet, wird von seinen Produktionsmöglichkeiten, den Absatzchancen, den Wünschen seiner Käufer und schließlich von individuellen Neigungen bestimmt werden.

Gänse

Bei der Wahl einer Gänserasse für Nutzhaltung ist der Halter zunächst davon abhängig, ob spezielle Rassen überhaupt erhältlich sind; denn eine nennenswerte Auswahl unterschiedlicher Mastrassen ist in der Bundesrepublik Deutschland nicht gegeben, häufig handelt es sich bei den angebotenen Gänsen um schwer zu bestimmende Landschläge.

Wer die wertvollen Federn und Daunen zu gewinnen und zu verkaufen wünscht, wird sich wegen der besseren Preise für Gänse mit weißem Gefieder entscheiden, abgesehen davon, daß Schlachtkörper mit heller Haut und ohne dunkle Kielreste von den Käufern bevorzugt werden. Im übrigen hat die Wahl einer bestimmten Rasse nicht annähernd den Einfluß auf die Qualität der Schlachtgänse wie die Haltung und die Fütterung.

Wer dagegen Ziergänse und -enten zu halten wünscht, wird, da ihre Leistungen ohne Bedeutung sind, aus den zahlreichen Rassen solche wählen, an denen er besonders Gefallen findet und die problemlos zu halten sind.

Die Haltung von Enten und Gänsen

Neun Grundforderungen

Gedeihliche und erfolgreiche Enten- und Gänsehaltung bedingt – an allen sieben Tagen der Woche – ständige Erfüllung von neun Grundforderungen, nämlich

- Genügend Wärme
- Genügend Frischluft
- Genügend Futter
- Genügend Trinkwasser
- Genügend Einstreu
- Genügend Bewegungsfreiheit
- Genügend Beleuchtung
- Genügend Hygiene
- Genügend Ruhe

Diese Forderungen sind streng, aber weder unerfüllbar noch unzumutbar. Nur wenn ihnen entsprochen wird, werden sich die erhofften Erfolge einstellen.

Wärme

Küken müssen sich während der Aufzucht nach Bedürfnis immer gut wärmen können. Eine künstliche Wärmequelle erübrigt sich, wenn die Küken von einer Brutente oder Glucke geführt werden. Sonst muß der ganze Aufzuchtraum entsprechend geheizt sein, oder Gasstrahler oder Infrarotlampen müssen die nötige Wärme spenden. Nach der Aufzucht ist künstliche Wärme nicht mehr notwendig, allerdings erhöht sich in der Mast bei Minustemperaturen im Stall der Futterbedarf erheblich. Bei sehr starkem Frost geht zudem die Freßlust zurück, und das Mastziel wird innerhalb der geplanten Zeit nicht erreicht. Es ist teurer, den erhöhten Kalorienbedarf der Tiere durch Futter als durch Kälteschutz oder durch eine Heizung zu decken.

Bei großer Sonnenhitze im Auslauf muß auch Schatten vorhanden sein. Zuviel Wärme im Auslauf oder im Stall verursacht hechelndes Atmen mit geöffneten Schnäbeln. Schäden treten hierdurch allerdings kaum auf. Einem verantwortungsvollen Tierhalter wird aber das Wohlbefinden der Tiere auch ohne wirtschaftlichen Vor- oder Nachteil wichtig sein.

Frischluft

Der Sauerstoffgehalt der Luft im Stall wird am einfachsten mit der Nase geprüft. Wenn es möglich ist, tief einzuatmen, ohne daß es Mühe macht und als unangenehm empfunden wird, ist das Stallklima in Ordnung und genügend Sauerstoff vorhanden. Wenn es dagegen in Nase und Augen „beißt", ist der Ammoniakgehalt zu hoch. Bei den Tieren treten dann bald Augenentzündungen auf, welche die Augen so verkleben, daß sie nichts mehr zu sehen vermögen. Entsprechend leidet das Allgemeinbefinden, die gedeihliche Entwicklung wird unterbrochen. Ausreichende Belüftung ohne Zugluft durch Fenster, Ventilatoren oder Schächte, auch mittels durchlöcherter Folienschläuche, ist geboten. Die Luftbewegung im beheizten Stall sollte 0,6 m/sec und im unbeheizten Stall 0,2 m/sec nicht überschreiten.

Futter

In hohem Maße bestimmt das Futter Gedeihen und wirtschaftlichen Erfolg der Enten- oder Gänsehaltung. Je höher die von den Tieren zu erbringenden Leistungen sein sollen, desto hochwertiger muß das Futter sein. Bei etlichen Parallelfütte-

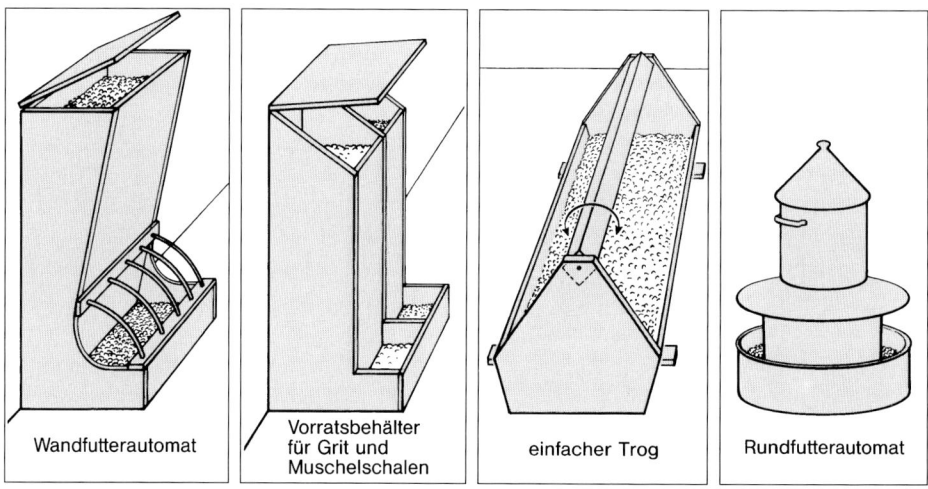

Wandfutterautomat | Vorratsbehälter für Grit und Muschelschalen | einfacher Trog | Rundfutterautomat

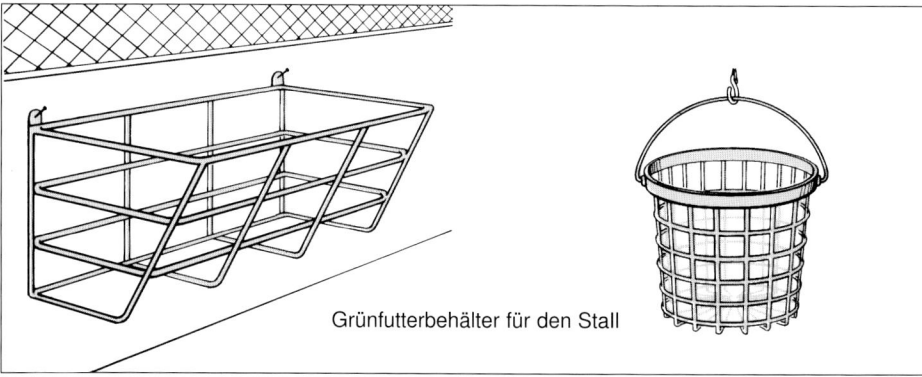

Grünfutterbehälter für den Stall

rungsversuchen jeweils von der 4. Lebenswoche bis zur Schlachtung im Alter von 7 bis 8 Wochen erwies sich wiederholt, daß der beste Masterfolg durch Fütterung mit sehr energie- und eiweißreichen Mischungen erzielt wird. Hiernach ist es nur ein scheinbarer Widerspruch, daß das teuerste Futter zugleich das billigste ist, weil eben mit diesem, je kg Futteraufwand der höchste Zuwachs erzielt wird. Wie gut oder schlecht ein Mastfertigfutter wirklich ist, läßt sich meistens nur schwer aus den Aufklebern oder sonstigen Deklarationen mit den praktisch nichtssagenden Angaben erkennen. Kraftfutterwerke unterliegen zwar staatlichen Kontrollen, und die im Handel befindlichen Futtermischungen sind im allgemeinen von guter Qualität, Parallelversuche decken jedoch mitunter erstaunliche und erheblich zu Buche schlagende Unterschiede auf. Aus solchen Fütterungsversuchen wird ersichtlich, wieviel Geld jeweils aufgewendet werden muß, um 1 kg Lebend-Ente zu erzeugen.

Im Betrieb des Verfassers konnten so zwischen Futtermischungen aus verschiedenen Kraftfutterwerken Differenzen festgestellt werden, die bis zu 2,50 DM je Frühmastente ausmachten. Hieraus ist ersichtlich, welche große und unter Umständen entscheidende Bedeutung für das wirtschaftliche Resultat der Qualität des Futters beigemessen werden muß.

Bei einem derartigen Versuch werden zwei Gruppen von je 10 bis 30 Küken, 3 bis 4 Wochen alt, zur Mast gestellt und mit verschiedenen Futtermischungen gefüttert. Der folgende Versuchsbericht vom Jahr 1975 macht anschaulich, welche enormen Geldminderträge einem Mäster entstehen können, wenn er der Qualität des Mastfutters nicht höchste Aufmerksamkeit und Kontrolle widmet.

Parallelfutterversuch mit zwei von verschiedenen Kraftfutterwerken angelieferten Entenmastfertigfuttern (zur Tabelle unten):

Aus einem Schlupf wurden zwei Gruppen mit jeweils 50 Hybrid-Entenküken in den Versuchsstall verbracht. Die eine Gruppe erhielt das Futter des Kraftfutterwerks A, die andere das des Kraftfutter-

Futterversuch mit zwei verschiedenen Fertigfuttern (A und B)

	A-Enten	B-Enten
Gruppenfutterverbrauch vom 23. bis 49. Lebenstag	340,00 kg	383,60 kg
Also Futterverbrauch je Ente	6,80 kg	7,67 kg
Gruppenschlachtgewicht ausgeblutet und gerupft	143,98 kg	121,60 kg
Also pro Ente	2,88 kg	2,43 kg
Futterpreis per 100 kg frei Hof	53,53 DM	55,41 DM
Also Futterkosten pro Ente ab 23. Tag	3,64 DM	4,25 DM
Verkaufserlös pro Ente bei einem Kilopreis von 4,50 DM	12,96 DM	10,94 DM
Entenerlös minus Mastfutterkosten	9,32 DM	6,69 DM

In Futterkästen steht Trockenfutter jederzeit bereit.

werks B. Der Versuch begann am 23. Lebenstag der Enten und endete am 49. Lebenstag, dem Schlachttag. Futter und Trinkwasser waren zur jederzeitigen beliebigen Aufnahme angeboten. Die Tabelle auf Seite 41 zeigt das Ergebnis des Versuchs.

Mit dem A-Futter wurde also pro Ente gegenüber dem B-Futter ein Mehrgewinn von 2,63 DM erzielt, respektive mit dem B-Futter gegenüber dem A-Futter ein entsprechender Verlust herbeigeführt. Ein Betrag, der vom Mäster nur mit seiner Jahresentenproduktion zu multiplizieren ist, um ihm die Augen zu öffnen.

Bei diesem Versuch handelt es sich allerdings um ein krasses Beispiel. Bei späteren ähnlichen Parallelversuchen waren finanzielle Auswirkungen von 0,30 DM bis 0,75 DM pro Ente keineswegs selten.

Die Futtermischungen sind zwar sehr ausgewogen, aber auch recht kompliziert geworden. Daher vermögen heutzutage auch große Farmen kaum noch jeweils zuverlässig und wirtschaftlich selbst über die vielen Futterkomponenten ausreichend zu verfügen, um jederzeit optimales Futter aus eigenem Anbau mischen und pressen zu können. Hierfür müßte ein spezielles Kraftfutterwerk betrieben werden, und bald würde der Rechenstift alle diesbezügliche Problematik aufzeigen.

Trockenfutter ist stets in Form von Preßlingen, den sogenannten Pellets, zweckmäßig aus Futterautomaten, Naßfutter als feuchtkrümeliger Brei aus Schalen, Töpfen oder Trögen anzubieten. Fütterung trockenen Futtermehls ist wenig ratsam, weil Enten in Tränken und am Futterplatz davon zu viel vergeuden.

In Kleinbeständen und bei extensiver Haltung über das Schnellmastalter hinaus, besonders dann, wenn die Enten von Abfällen ernährt werden und sich viel Futter in Ausläufen und Gewässern suchen können, kann dem Potential des Futters weniger Aufmerksamkeit gezollt werden, und der Rechenstift im Schubfach bleiben. Auch dann werden die Tiere, sofern sie noch immer gut satt werden, sich befriedigend entwickeln und zu gegebener Zeit einen guten Schlachtkörper aufweisen.

Trinkwasser

Frisches gutes Trinkwasser sollte immer vorhanden, zumindest aber tagsüber niemals knapp und bequem erreichbar sein. Wenn die Tiere ihren Wasserbedarf nicht wie gewünscht stillen können, wird weniger Futter aufgenommen, und sie bleiben im Wachstum zurück.

Der tägliche Wasserbedarf einer Mastente beträgt je nach Raumtemperatur und Luftfeuchte in der ersten Lebenswoche et-

Vom Futterautomaten unterwegs zur nicht zu nahen, gelochten Tränke, damit möglichst wenig Futter vergeudet wird und der Tränkplatz nicht verschlammt.

wa 0,05 l pro Tag und erhöht sich jeweils um 0,1 l in den folgenden Wochen bis zu etwa täglich einem halben Liter. Da Enten nach der Futteraufnahme zum Wasser streben, um das Futter hinunterzuspülen, sollten Futterstellen nie zu nahe beim Wasser sein, sonst wird viel Futter vergeudet. Dieser unerwünschten Neigung, vor allem der Pekingenten, spielerisch viel Wasser zu verpritscheln, ist vorzubeugen. Flugenten vernässen die Umgebung der Tränken weniger. Entgegen einer weitverbreiteten Meinung ist es nicht erforderlich, daß Enten den ganzen Schnabel in die Tränke tauchen können. Es genügt, wenn sie das Wasser mit etwa 1 cm Schnabelspitze erreichen und ansaugen können.

Einstreu

Trockene, keinesfalls schimmelige Einstreu ist eine wichtige Bedingung für den guten Zustand von Flaum oder Gefieder und das Wohlbefinden der Tiere. Nasse, verkotete Einstreu verursacht in den Boxen Unruhe, das Bauchgefieder verschmutzt und wird von den Tieren ausgezupft. Die Folgen sind kahle Bäuche, teilweise brechen die Federn ab, die Haut der Tiere ist später nach dem Rupfen infolgedessen stoppelig, es kommt zu Störungen des Allgemeinbefindens mit Leistungsminderung, Erkrankung und erhöhten Verlusten. Je feuchter die Stalluft ist, desto schlechter bleibt die Streu trocken, desto höher ist der Streubedarf. Die Ansprüche von Enten an die relative Luftfeuchte werden mit etwa 70 % zwar reichlich erfüllt, von Vorteil ist aber eine geringere Feuchte, weil die Streu länger trocken bleibt. Als solche sind Getreidestroh, trockene Säge- oder Hobelspäne von Nadelholz und Fasertorf geeignet. Es ist besser oft, also täglich, und dabei sparsam einzustreuen. So wird die Streu nicht naß und schmierig.

Enten lassen sich auch auf Drahtgeflecht halten und mästen, z. B. auf Drahtbalkons. Dies ist gleichermaßen praktisch wie hygienisch, weil die Kotausscheidungen sogleich durch die Maschen fallen bzw. hindurchgetreten werden. Der sich darunter auf dem Betonboden ansammelnde Kot wird in eine Güllesammelgrube gespült. Die Haltbarkeit von Drahtböden aus Edelstahl gegen den aggressiven Kot ist praktisch unbegrenzt, wogegen verzinkte Drahtböden nach wenigen Jahren nicht mehr brauchbar sind.

Bewegungsfreiheit

Enten brauchen zu gutem Gedeihen ausreichend Bewegungsfreiheit. Die Besatzdichte im Stall muß auf die Größe der Enten abgestimmt sein. Ist die Belegung zu eng, können Freß- und Trinkplätze seltener aufgesucht werden, weil nur die stärkeren Tiere sich durchsetzen. Die Einstreu verschmutzt unverhältnismäßig schnell und läßt sich kaum noch trocken halten. Die Tiere lassen sich umso leichter halten und entwickeln sich umso besser, je geringer die Belegung der Box ist. In Intensivhaltungen wird angestrebt, auf den vorhandenen Stallflächen möglichst viele Tiere zu halten, um die teuren Einrichtungen optimal zu nutzen. Wird aber eine bestimmte Besatzdichte, und sei es nur um wenige Tiere, überschritten, so kommt es schnell zu verheerendem Flaum- und Federfressen, Krankheiten und Kümmerern, Leistungsabfall und Verlusten.

Auf guter Einstreu können vorteilhaft gehalten werden:

Während der ersten 3 Lebenstage: etwa 50 Küken pro m²

Während der Aufzucht bis Ende der 3. Woche: etwa 15–10 Küken pro m²

Von der 4. Woche bis zur Schlachtung: etwa 4 Enten pro m²

Auf Drahtgeflechtböden kann die Besatzdichte um etwa ein Drittel höher sein. Wird den Enten Auslauf auf Grünland gewährt, ist zu beachten, daß die Grasnarbe gesund und grün bleibt, was je nach Klima, Bodenbeschaffenheit und Bewuchs unterschiedlich schwierig sein kann. Bleibt der Auslauf nicht grün und verkotet er zu stark, ist er entweder umzubrechen oder mit 1 t/ha Branntkalk = 100 g/qm zu überstreuen.

Beleuchtung

Bei Stallhaltung sollten Enten nachts ständig beleuchtet sein. In Kleinhaltungen ist das nur dann nicht nötig, wenn keinerlei nächtliche Beunruhigungen zu befürchten sind, was aber praktisch selten vorkommt. Da der Wechsel zwischen Kunst- und Tageslicht ein günstiges Stimulans für den Organismus der Tiere bedeutet, sollten Entenställe Fenster haben, damit das Tageslicht voll einfallen kann.

Bei Masttieren soll die nächtliche Beleuchtung sowohl zum Fressen reizen als auch Ruhe schaffen. Durch Licht im Stall wird Raubzeug vergrämt, vermögen sich die scheuen Tiere stets zu orientieren und geraten nicht bei jedem unbekannten und meist harmlosen Geräusch in Panik, was bei Finsternis schnell der Fall ist. Auch die nächtliche Eiablage erfolgt ruhiger und williger, wenn die Legetiere nicht verängstigt sind. Wer Beleuchtung spart, spart am falschen Ende, denn die verhältnismäßig geringen, bei Nachtstromtarif besonders günstigen Stromkosten, rechtfertigen kaum die hohen Risiken von Verletzungen und Verlusten, abgesehen von unbefriedigender Futteraufnahme.

In manchen Geflügelfarmen und Geflügelzuchtinstituten werden seit Jahrzehnten Versuche mit Beleuchtungsprogrammen durchgeführt mit dem Ziel, die Leistung der Tiere zu steigern. Durch diese speziell programmierten und womöglich störanfälligen Beleuchtungssysteme können jedoch unnötiger Aufwand bei Ausfällen und empfindliche Verluste entstehen, welche die zudem zweifelhaften Leistungssteigerungen nicht zu rechtfertigen vermögen. Dämmerungsschalter schalten die Beleuchtung automatisch zum richtigen Zeitpunkt ein und aus, wodurch unnötiger Stromverbrauch vermieden wird, – eine seit Jahrzehnten bewährte Einrichtung.

Haltung auf Drahtgeflechtbalkons mit Begehungsbrettern.

Unbedingt sollte ein Notstromaggregat bei Stromausfall betriebsbereit sein, um Schäden durch die bei plötzlicher Dunkelheit einsetzende allgemeine Nervosität der Tiere zu verhindern. Es besteht sonst die Gefahr, daß die Tiere in Panik geraten und übereinandersteigen, was zu verheerenden Verlusten führen kann. Die Helligkeit der Stallbeleuchtung ist dabei weniger eine Frage des Lichtbedarfs der Tiere, als vielmehr der Tierwärter, damit diese jederzeit den Stall schnell und vollständig zur Kontrolle überblicken können.

Hygiene

Nur wenn Enten und Gänse hygienisch und gesund gehalten werden, fühlen sie sich auch wohl und können sie ihre potentiellen großen Eier- und Mastleistungen erbringen.

Bei mangelhafter Hygiene und Sauberkeit sind Krankheiten nah. Vor allem bilden feuchtwarme Verschmutzungen Brutstätten für Viren, Bakterien und Ungeziefer aller Art, welche die Organismen der Tiere angreifen. Alles im Stall und im sonstigen Haltungsbereich, was nicht gereinigt und desinfiziert ist, muß grundsätzlich als keimbehaftet angesehen werden. Das bedeutet jedoch nicht, daß ein Krankheitsfall akut werden muß. Hat aber der Tierbestand keine robuste Gesundheit, und ist er durch Fehler in der Haltung geschwächt, so werden die natürlichen Abwehrmechanismen der Tiere zur wirksamen Bekämpfung der massenhaften Keime nicht mehr ausreichen, diese gewinnen die Oberhand und die Tiere erkranken. In Brütereien und Kükenaufzuchtställen kann Hygiene gar nicht gründlich genug betrieben werden und in Aufzuchtställen ist das „Rein-Raus-Verfahren" mit anschließender intensiver Reinigung und Desinfektion mehr oder weniger unerläßlich.

Sterile Krankenhaushygiene wäre zwar ideal, läßt sich aber wegen der Kosten praktisch nicht erreichen und ist auch kaum möglich, weil die Tiere sich eben ständig unhygienisch verhalten. Dennoch ist das Unmögliche zu fordern, damit immerhin das Mögliche geschieht. Einmal im Jahr sollte eine Enten- und Gänsehaltung in allen Teilen besonders intensiv gereinigt und desinfiziert werden, zweckmäßigerweise in einer Produktionspause in Brüterei, Aufzucht und Mast, die zeitlich den Gegebenheiten der Natur angepaßt ist.

Frostperioden unter –10 °C führen auch bei Zuchtenten, wenn sie nicht in geheizten Ställen gehalten werden, zu deutlich verminderter Freßlust, so daß sie das Legen einstellen. Zwangsläufig kommt es da-

Einfache verschiebbare Folienfenster auf selbstgezimmerten Rahmen für einen Zuchtstall.

durch zu einer winterlichen, durchaus zweckmäßigen acht- bis zehnwöchigen Legepause, in der die Zuchttiere sich von ihrer enormen Produktivität während der vergangenen neun bis zehn Monate erholen und neue Kräfte für eine eventuelle zweite Legeperiode aufbauen können. Fallen so im Januar und Februar keine Bruteier an, schlüpfen im Februar und März keine Küken und werden im April und Mai keine Enten schlachtreif, ein Zeitraum, in dem die Nachfrage nach Enten ohnehin gering ist. Die einzelnen, nacheinander so in Produktionsruhe gelangenden Teile der gesamten Haltung können nun jeweils der hygienischen Erneuerung unterzogen werden. Danach ist der Betrieb wieder frisch und gesund und zu neuer Produktion bereit. Maßnahmen, die sich sehr lohnend auswirken.

Ruhe

Das geflügelte Wort „Ruhe ist die halbe Mast" ist jedem Mäster vertraut. Jede Beunruhigung führt bei den schreckhaften

Haltungsschema für Intensivaufzucht und -mast von Enten

Alter	Wärme	Frischluft Sauerstoff	Futter nach Belieben	ungefährer, täglicher Frischwasserverbrauch
1.–4. Tag	35–32 °C	Soviel Frischluft, daß Personen im Stall frei durchatmen können	Starter Rohprotein 22 % UE* 2900 Kcal	0,05 l
5.–7. Tag	32–28 °C		Aufzuchtfutter 3 mm	0,1 l
2. Woche	28–20 °C		Rohprotein 22 % UE* 2900 Kcal	0,2 l
3. Woche	nicht unter 10 °C, Gewöhnung an Kaltstall			0,3 l
4. Woche				
5. Woche	Raumtemperatur je nach Wetter, jedoch nicht unter Gefrierpunkt	Reichlich Frischluft durch Fensteröffnungen	Mastfutter 4–4,5 mm Rohprotein 18 % UE* 2850 Kcal	0,5 l
6. Woche				Wasser stets unbeschränkt bieten
7. Woche				
8. Woche usw.				

* UE = Umsetzbare Energie

Pekingenten und Gänsen (Flugenten sind vergleichsweise phlegmatisch) zu meist panikartigem Gehabe, das noch tagelang als mehr oder minder latente Nervosität nachwirken kann. Schon ein Aufschrei, ein in den Stall verirrter Vogel oder eine huschende Ratte und sogar ein im Winde schwankender Baumast vor dem Fenster vermögen plötzlich einen ganzen Stall in Unruhe, lautes Geschnatter und kopfloses Hin- und Hergerenne zu versetzen. Geschieht dies öfter, so werden Verluste und unbefriedigende Mast unvermeidbar sein.

Deswegen verhalte man sich in Nähe der Tiere immer behutsam, spreche beruhigend auf sie ein, unterlasse hastige Bewegungen, vermeide Geräusche und bewahre die Tiere vor Hunden, Katzen, Ratten und jeglichem Raubzeug, aber auch vor fremden Personen. Überhaupt halte man nach Möglichkeit alle Veränderungen von ihnen fern. Stallbegehungen sollten, abgesehen von den täglich unumgänglichen Versorgungsarbeiten, auf das notwendige Maß beschränkt bleiben, die Kontrollen nach Möglichkeit unbemerkt erfolgen. Die

Haltungsschema für Intensivaufzucht und -mast von Enten (Fortsetzung)

Einstreu	Boxbelegung Tiere je m²	Beleuchtung	Hygiene	Ruhe
Strohhäcksel oder trockene Hobel- oder Sägespäne von Nadelholz, nicht staubender Fasertorf etwa 3 kg je Mastente für die gesamte Aufzucht und Mastdauer in der warmen Jahreszeit, im Winter mehr	50/m² 25–30/m² 4/m²	Tagsüber Tageslicht, nachts soviel Kunstlicht, daß Stall mit einem Blick ausreichend übersehbar ist	Vor und nach Belegung im Aufzuchtstall gründliche Reinigung und Desinfektion ebenso Heiz- und Lüftungsanlagen, Fütterungs- und Tränkeinrichtung. Mastställe einmal pro Jahr reinigen und desinfizieren	so viel wie möglich

Befahrbarer Enten- und Gänsemaststall.

Tiere sollen sich ständig wohl und sicher fühlen, willig fressen und zunehmen.

Zur besseren Übersicht sind die wichtigsten Punkte aus den neun Grundforderungen für Aufzucht und Mast von Pekingenten in einem Intensivhaltungsschema auf Seite 48–49 zusammengestellt.

Entenställe

Entenställe müssen nicht nur die Erfüllung der neun Grundforderungen für Entenhaltung ermöglichen, sondern darüberhinaus arbeitssparend, arbeitserleichternd, tiergerecht und billig sein.

Für saisonale Produktion vom Frühjahr bis Weihnachten gestaltet sich die Stallfrage einfach. Bei Kleinhaltungen genügt bereits ein einfacher, zugfreier, dennoch gut belüfteter Schuppen, wie er oftmals ungenutzt in ländlichen Anwesen vorhanden ist, wenn er nur Schutz gegen Wetter und Raubzeug bietet. Ist kein Schuppen vorhanden, werden einige einfache Binder aus Rohren oder Holz aufgestellt, eine ultraviolettbeständige Folie wird darüber befestigt, die Giebelseiten werden verschalt, Schattierung, Beleuchtung, Infrarotlampe oder Gasstrahler werden installiert, wenn nötig wird ein Streupolster angelegt, und fertig ist der Entenstall. In einem solchen Folienstall entwickelt sich bei Sonneneinstrahlung große Hitze, wodurch der nachts angefallene Entenkot tagsüber trocknet und zu Streu wird. Haben die Tiere tagsüber Auslauf, so sind keine Tränken und Futterplätze im Stall

Aus dem Folienstall morgens hinaus auf die Weide.

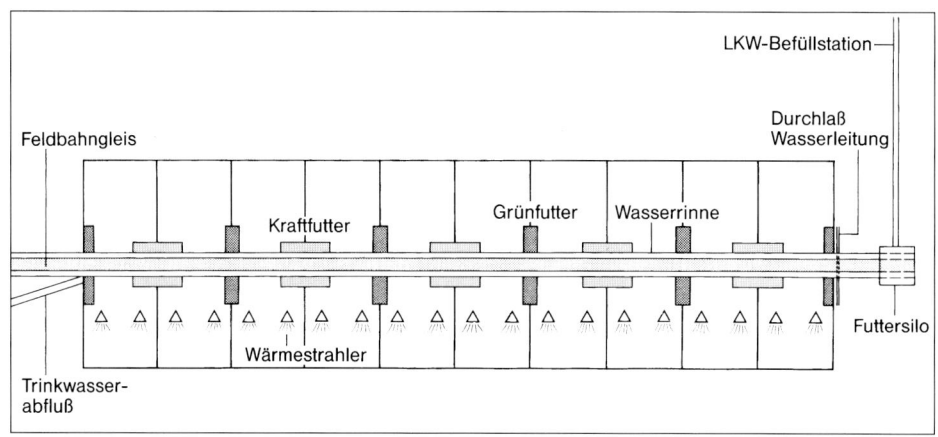

Grundriß eines Folienstalles mit 20 Boxen von jeweils 3,0 x 3,5 m zur Enten- und Gänseaufzucht oder zur Mast.
Maximale Belegung pro Box:
60 Entenküken   bis 3 Wochen   40 Gössel   bis 4 Wochen
40 Mastenten   bis 9 Wochen   30 Mastgänse   bis 9 Wochen

Minderbelegung um 25% ist zweckmäßig. Bei Belegung mit Enten werden keine Grünfutterraufen benötigt. Die Infrarotstrahler sind höhenverstellbar und an Drahtverspannungen in die gegenüberliegende Box verschiebbar. Zur Schattierung ist über die Drahtverspannung schwarze Folie gelegt.

nötig. Futter und Tränkwasser erhalten die Tiere im Auslauf.

Je größer eine Entenhaltung ist, desto durchdachter müssen die Stalleinrichtungen angelegt sein, wobei es besonders darauf ankommt, das Entenein- und -aussetzen, das Füttern und Tränken, das Einstreuen und Entmisten, das Begehen und Befahren, das Klimatisieren und Belüften, das Reinigen und Desinfizieren, das Fernhalten von Schädlingen und das Kontrollieren zweckmäßig zu gestalten und zu erleichtern.

Das Ziel der Haltung bestimmt die Konstruktion eines zu bauenden Stalles.

Abgesehen davon werden soviele örtlich verschiedene Gegebenheiten auf das Projekt einwirken und zu berücksichtigen sein, daß sich eine nähere Beschreibung spezieller Entenställe hier erübrigt. Um aber teures Lehrgeld zu sparen, ist es ratsam und zweckmäßig, vorgesehene Haltungsformen mit einfachsten Mitteln zu improvisieren und praktisch auszuprobieren. Die hierdurch gewonnenen Erkenntnisse und Erfahrungen werden sich bald bezahlt machen.

Gänseställe

Für die Gänsehaltung gilt das für Enten Gesagte sinngemäß, es bedarf keines besonderen zusätzlichen Aufwandes, aber ohne Erfüllung der neun Grundforderungen wird auch Gänsehaltung nicht gelingen.

Auch Gänseställe können denkbar einfach sein, zumal sie ohnehin mehr der zweckdienlichen Steuerung der Gänsehaltung durch den Halter, als den Gänsen selbst dienen. Ställe sind etwas Unnatürliches, denn die Natur läßt Wildgänse ohne Stall leben und gedeihen, läßt sie allerdings im Winter als Zugvögel wärmere Gegend aufsuchen, aber nicht wegen der winterlichen Temperaturen, sondern wegen des im wärmeren Süden größeren Nahrungsangebots. Haben Gänse einen weiten Auslauf mit guter frischer Weide und einem Gewässer, so suchen sie sich einen großen Teil ihres Futters selbst, was ihre Haltung wesentlich verbilligt. Ausgewachsene Gänse sollten den ganzen Tag im Freien sein, und auch während der Nacht, sofern keine Gefahren durch Raubzeug drohen. Während der Legeperiode sollten Zuchtgänse aber nicht vor 8 Uhr morgens ins Freie entlassen werden, damit sie im Stall noch ablegen. Die Ansprüche von Gänsen an einen Stall sind gering, wenn er nur Schutz gegen Regen, Schnee und Unwetter, gegen Raubzeug und sonstige Beeinträchtigungen bietet. Ansonsten bedarf es nur noch der Beleuchtung, eines trockenen, keinesfalls kalten Bodens und ausreichender Frischluft. Praktisch genügt also jeder Schuppen oder jede einfache Bude, ja sogar eine mit Öffnungen versehene, umgestülpte große Kiste mit Dach, fertig! Futter und Wasser werden außerhalb des Stalls gereicht. Gegen Überbelegung von Ställen sind Gänse besonders empfindlich, die Streu verdirbt rasch, die Tiere fühlen sich unwohl, die Zahl der Kümmerer nimmt zu. Je geringer die Belegung, desto länger bleibt die Einstreu gut. Zur Einstreu eignen sich trockenes Sägemehl oder Hobelspäne von Nadelholz, Strohhäcksel, Laub, und Torf damit die Bodenkälte abgehalten, ein angenehmes Lager geboten und die Feuchtigkeit der Ausscheidungen aufgesaugt wird.

In der Mast sollte der Gans mindestens ein halber Quadratmeter Stallfläche geboten sein, während der Aufzucht je nach Größe der Tiere entsprechend weniger.

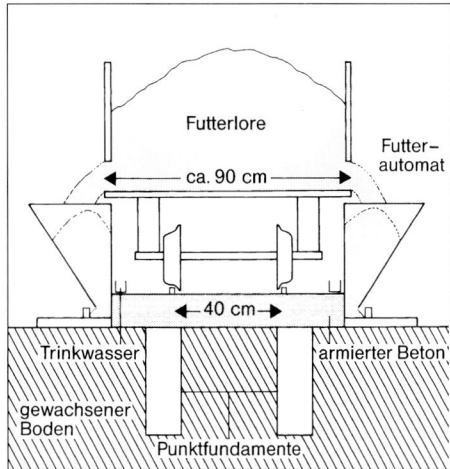

Querschnitt durch den betonierten Futtergang des Folienstalles mit der Futterlore.

Die Zeichnung auf Seite 52 zeigt den Grundriß eines einfachen und billigen Gänsefolienstalls zur Intensivgänseaufzucht und -mast, wie man ihn selber leicht errichten kann. Durch einfache kleine Öffnungen an jeder Boxenaußenseite können die Tiere in einen angrenzenden Auslauf gelassen werden.

Haltung auf Drahtgeflecht kann erst bei Spätmast ratsam sein, weil bei Frühmast der dann fast immer auftretende starke Kannibalismus kaum zu verhindern ist.

Heranwachsende Gänse sind ganz besonders empfindlich gegen Ruhestörungen, wobei sie sich in ihrer Angst leicht gegenseitig erdrücken. Können sie einer vermeintlichen Bedrohung nicht ausweichen, so steigen sie übereinander. Die untersten Tiere ersticken dann in kürzester Zeit. Es ist deshalb ratsam, die Ställe in kleinere Boxen aufzuteilen und Boxenecken abzurunden.

Gänse gehören ins Freie. Ställe sind nötig, aber nicht tiergerecht.

Die Beschaffung von Küken

Entenküken

Entenküken werden durch Zucht und Brut im eigenen Betrieb gewonnen oder von anderen Züchtern, Händlern oder Brütereien angekauft. Für Kleinhalter kann es vorteilhaft sein, Küken von eigenen Elterntieren zu gewinnen, zumal das viel Freude macht. Für größere Betriebe ist es für rentable Produktion Voraussetzung. Kauf der Küken ist vor allem für Halter, die nur saisonal aufziehen und mästen wollen, zweckmäßig.

Spezielle Hochleistungsküken, sogenannte Hybriden, zur Zucht und Mast sind in der Bundesrepublik wie auch von Dänemark, England und Frankreich erhältlich. Weil diese Länder zur Europäischen Gemeinschaft gehören, macht der Import, zweckmäßigerweise per Luftfracht, inzwischen kaum noch Schwierigkeiten, wenn die Sendungen das vorgeschriebene tierärztliche Unbedenklichkeitszeugnis enthalten. Dagegen ist der Aufwand für Import aus Drittländern beträchtlich. Vorherige ministerielle Einfuhrgenehmigung und etwa zehn sonstige Dokumente sind vonnöten, außerdem ist tierärztliche Beschau bei der Einfuhr und eine Drei-Wochen-Quarantäne im eigenen Betrieb danach behördlich vorgeschrieben.

In der Regel wird also zweckdienlich sein, Entenküken in der Bundesrepublik zu beschaffen. Sie werden von Züchtern, Brütereien und Farmen angeboten, wo man sie ggfs. selbst abholen kann, ferner auf bäuerlichen Wochenmärkten, gelegentlich auch von Kleinhaltern.

Die Deutsche Bahn-AG hat inzwischen den Transport lebender Tiere eingestellt, was auf die Straße zwingt und alles Lamentieren über die nichtausgenutzte Bahn und die unverhältnismäßig aufwendige Übernutzung der Straßen zur Groteske macht.

Wer bereits andere Tiere ganzjährig zu versorgen hat, kann durchaus noch einen oder mehrere Stämme Zuchtenten oder Zuchtgänse mitversorgen, deren Eier durch sie ausbrüten lassen oder sie in einem Kleinbrüter ausbrüten. Das macht wenig Arbeit, aber erfordert zuverlässige Überwachung.

Durch eigene Zucht und Brut werden die Unwägbarkeiten des Kükenzukaufs ausgeschlossen, da fast nie beurteilt werden kann, was unerkennbar mitgekauft wird, ob nicht womöglich Krankheiten eingeschleppt werden, und ob es sich um genetisch hoch- oder minderwertige Küken handelt. Dennoch tut man sich am Beginn einer Entenhaltung mit Kükenankauf leichter, besonders, solange man die Kunstbrut noch nicht beherrscht, die mit kleinen Flächenbrütern oder Kunstglucken allerdings keine Schwierigkeiten macht, wenn die Brutvorschriften gewissenhaft befolgt werden.

Die Küken sollten stets von renommierten Lieferanten gekauft werden. Entenküken werden in allen Altersstufen entweder als Eintags- oder als Ein-, Zwei- bzw. Dreiwochenküken angeboten. Wann allerdings der Schlupf tatsächlich war, läßt sich oft nur schwer beurteilen. Durch eingeschränktes Füttern und Tränken kann das natürliche flotte Wachstum der Küken zurückgehalten werden, was für den Lieferanten die Kosten für Haltung und Transport senkt und den Preis für die Käufer obendrein billig erscheinen läßt. Die arglosen Käufer werden das nicht gewahr, weil sie in ihren Vorstellungen von den kleineren Hühnerküken ausgehen. So finden sie sich mit der geringen Größe von Dreiwochenentenküken ab, obwohl diese eigentlich doppelt so groß und dreimal so schwer sein müßten. Gut gefütterte Pekingentenküken wiegen im Alter von einer Woche 200 g; mit zwei Wochen 450 g, mit drei Wochen 1000 g. Eine andere nicht eben seriöse Methode ist auch, das Kükenalter nur vage anzugeben, zum Beispiel mit 1–2, 2–3 und 3–4 Wochen, und so bei den Käufern entsprechende Erwartungen zu wecken. Dementsprechend sind aber 2–3 Wochenküken meistens gerade eben zwei Wochen alt.

Kleiner Flächenbrüter für geringen Eianfall.

Auf dem Wochenmarkt sieht der Käufer zwar, was er kauft, wie gut oder schlecht der Kauf aber tatsächlich war, kommt meistens erst am Schlachttag auf. Entenküken sind beileibe nicht gleich Entenküken, und billige oft nur scheinbar billig. Wer das nicht glauben mag, wird Lehrgeld zahlen.

Gössel

Gössel werden ebenfalls durch eigene Zucht oder Kauf beschafft. Die anfallenden Bruteier werden in einem kleinen Brutapparat oder durch die Zuchtgänse gebrütet, das Führen der Gössel wird der Muttergans überlassen. Man weiß dabei, was man hat, und was man bekommt. Überzählige Gössel können verkauft werden. Dem Halter obliegt dann freilich die Versorgung solcher Zuchtgänse über das ganze Jahr, wenngleich mit, je nach Klima, relativ geringem Aufwand.

Gösselzukauf ist für den ratsam, der jeweils nur wenige Gänse für den eigenen Bedarf mästen möchte. Vor Weihnachten wird die letzte Gans geschlachtet, und während der langen Wintermonate ist der Halter von der ganzen „Gänserei" befreit und kann sich anderen Dingen zuwenden.

Gössel werden von Händlern oder Züchtern auf Wochenmärkten angeboten. Ihre Qualität läßt sich nur schwer beurteilen, ist also Vertrauenssache. Man kann sie aber auch bei Brütereien und Lieferanten, die in landwirtschaftlichen Fachzeitschriften inserieren, direkt erwerben, oder bei einem Züchter in der Nähe, wo der Käufer sich selbst ein Bild von dessen Gänsehaltung machen kann.

Küken von Ziergänsen und Zierenten

Ziergänse und Zierenten oder Küken davon sind von Vogelparks oder speziellen Züchtern erhältlich, die ihre Tiere zum Beispiel in der Zeitschrift „Geflügelbörse" anbieten.

Oben: Gössel auf der Weide.
Unten: Enteneintagsküken auf trockenem, warmem Auslauf.

Enten- und Gänsezucht

Entenzucht

Ziel der Entenzucht ist die Erzeugung von Bruteiern, aus welchen lebensfrohe, gesunde Küken mit den gewünschten Anlagen zu besten Leistungen schlüpfen.

Zweckmäßig wird dies durch Linienzucht erreicht. Aber abgesehen von den erforderlichen Kenntnissen für dieses Spezialgebiet ist sie, sofern sie erfolgreich sein soll, mit hohen Kosten verbunden und kann sich also für Kleinhalter allenfalls als Liebhaberei lohnen.

Vielmehr ist es, wo nicht Massenhaltung betrieben werden soll, zweckmäßig, optisch geeignet erscheinende Tiere aus den Mastherden zur Zucht herauszusortieren und von Zeit zu Zeit gute fremde Erpel zu beschaffen, um Inzuchtschäden zu vermeiden. Für große Entenhaltungen mit fortlaufender Produktion sind dagegen besser spezielle Hybrid-Elterntierküken geeignet, die bislang nur aus England und Dänemark in sortierten Einheiten männlicher und weiblicher Eintagsküken erhältlich waren, neuerdings auch in der Bundesrepublik von dem seit 20 Jahren Hybridentenzucht betreibenden Unternehmen „Seddiner Zucht- und Mastenten GmbH" in D-15320 Altfriedland (Land Brandenburg) erhältlich sind. Die Masttiere aus dieser Zucht erreichen, nach Angabe des Zuchtbetriebs, je nach mittelschwerem oder schwerem Masthybridtyp nach 42 Tagen 2800 g bzw. 3000 g Lebendgewicht, nüchtern gewogen, bei einer Futterverwertung von 2,2 : 1, und nach einer Mastdauer von 49 Tagen 3200 g bzw. 3500 g, nüchtern gewogen, bei einer Futterverwertung von 2,5 : 1, bzw. 2,4 : 1.

Ausfälle in einer legenden Herde sollten nicht ersetzt werden; die Legeleistung fällt stark ab, weil die Erpel sich dann bevorzugt mit den Neuen tummeln.

Fütterung der Zuchtenten

Voraussetzung für spätere hohe Legeleistung der Zuchtenten und gute Schlupfe ist eine ausreichende, jedoch knappe Ernährung bis zu einem Alter von etwa 4 Wochen vor der Legereife. Um sicherzustellen, daß die Zuchttiere keinesfalls fett werden, ist nach der Befiederung die Gewichtsentwicklung durch Wiegungen häufig zu kontrollieren und durch Zumessung der jeweils richtigen Futtermenge zu steuern.

Es hat sich praktisch bewährt, den jungen Zuchttieren einmal täglich, zweckmäßigerweise morgens bei der Entlassung in den Auslauf, von Hand breitwürfig so viel – und nicht mehr – Fertigfutter gutverteilt hinzustreuen, daß alle Tiere etwa 15 Minuten lang ungehindert fressen können. Bei einem Aufzuchtfutter mit 2900 Kcal UE/kg und 15 % Rohprotein beträgt die tägliche Futtergabe pro Tier et-

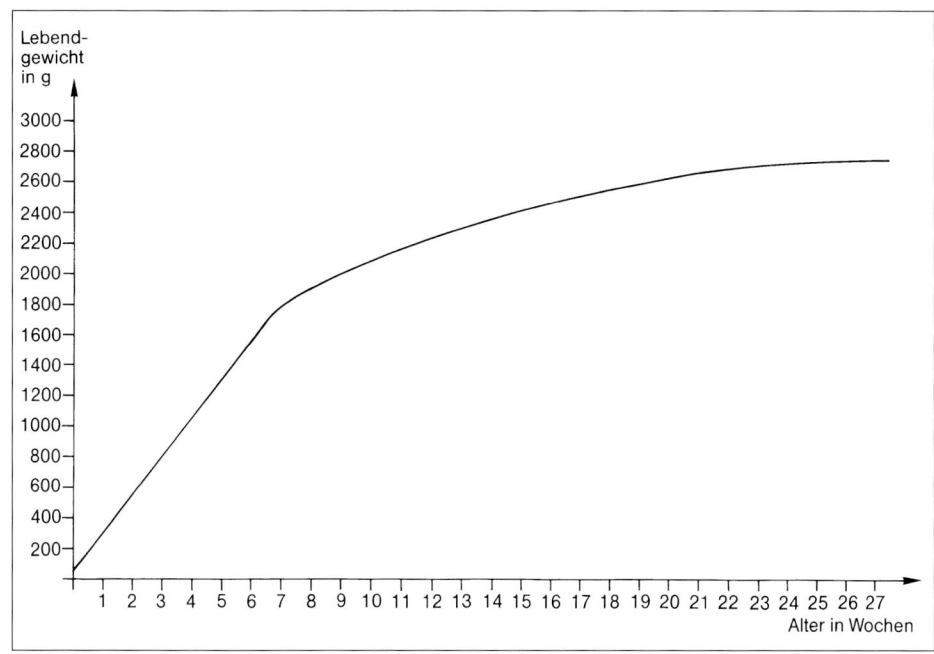

Anzustrebende Gewichtsentwicklung von Peking-Enten für die Zucht.

wa 200 g. Sind die Tiere zu leicht, ist die Futtergabe zu erhöhen, sind sie zu schwer, ist sie entsprechend zu vermindern. Bei nassem Boden oder Schnee wird im Stall gefüttert. Die anzustrebende Gewichtsentwicklung für heranwachsende Zucht-Hybrid-Pekingenten zeigt die Grafik S. 61. Pekingenten erreichen im Alter von 26 Wochen, Flugenten mit 28–30 Wochen, die Legereife. Etwa vier Wochen vorher werden sie während einiger Tage an die dann nicht mehr beschränkte Fütterung aus Automaten gewöhnt, jedoch nur allmählich, damit sie sich nicht plötzlich mit Todesfolge überfressen. Nach diesen vier Wochen, im Frühjahr auch früher, beginnen die so aufgezogenen Enten mit dem Legen, die Legeleistung steigt steil an, hält sich etwa vier Monate auf ungefähr gleicher Höhe und fällt dann allmählich wieder ab, bis sie so gering geworden ist, daß Fütterung und Weiterhaltung kaum noch lohnen. Die Tiere werden dann entweder geschlachtet, wobei sie sich, wenn jünger als ein Jahr, gerade noch zum braten eignen, oder man stellt sie zur Regeneration für eine neue Legeperiode auf Haferfütterung um, wodurch sie in die Mauser gehen und das Legen einstellen. Hafer hat eine speziell günstige Wirkung auf Tierleistungen, insbesondere für Jungtiere. (Das erweist sich auch bei Menschen; nicht ohne Grund geben die praktischen Briten ihren Kindern zum täglichen Frühstück Haferbrei).

Etwa vier Wochen vor der neuen Legeperiode wird dann wieder auf Legefutter umgestellt und diese damit eingeleitet, worauf noch einmal ungefähr zwei Drittel der Legeleistung der Vorperiode erwartet werden kann. Flugenten der Zuchtrichtung Grimaud legen mit 30 Wochen 22 Wochen lang 90–95 Eier, mausern dann 12–14 Wochen und legen dann in einer zweiten Legeperiode nochmals fast ebensoviel. Brutdauer 35 Tage, Schierung am 18. Tag nach der Einlage.

Nach einer zweiten Legeperiode sind Zuchtenten noch als Koch- oder Ragoutenten gut verwertbar, (siehe Kapitel Rezepte), die zähe Haut ist jedoch ungenießbar und wird beseitigt.

Produktionsplanung

Nach einer Faustregel können von einer Pekingzuchtente, richtige Aufzucht vor-

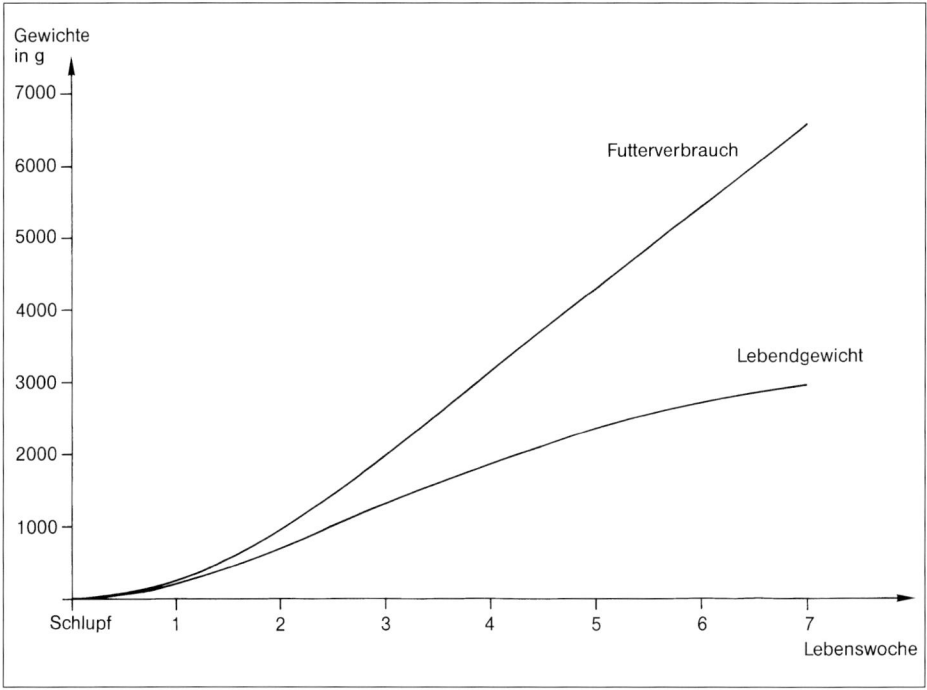

Lebendgewichtentwicklung und Futterverbrauch von Hybridpekingenten.

Gesunde Weidehaltung von Zuchtenten.

ausgesetzt, in der Legezeit im Durchschnitt während jeweils drei Tagen zwei Eier erwartet werden.

Saisonale oder ganzjährige Produktion bedingt rechtzeitige Aufstellung der Legeherden für die Bruteigewinnung. Sobald die Legeleistung nachläßt, müssen neue Herden legebereit sein, damit keine Produktionspausen entstehen. Eine Schlachtung aus eigener Zucht von beispielsweise 500 Enten pro Woche erfordert demnach etwa acht Wochen vor dem geplanten Schlachttag geschlupfte Eintagsküken, welche wiederum vier Wochen zuvor als Eier in den Brutapparat einzulegen sind, wozu etwa weitere sieben Monate vorher die Elterntiere als Eintagsküken vorhanden gewesen sein müssen. Praktisch dauert es also vom Entschluß, Enten aus eigener Zucht zu schlachten, bis zum Schlachttag fast ein Jahr.

Weidehaltung

Zuchtenten entwickeln sich am besten bei Weidehaltung und legen dann Bruteier von hoher Qualität. Dabei sollte die Besatzdichte so bestimmt werden, daß die Grasnarbe erhalten bleibt. Sonst verschlammen bei schlechtem Wetter die Ausläufe und werden Brutstätten für Krankheiten. In kleinen Ausläufen ist einzustreuen. Auch Auslauf auf durchlässigen Sandböden kann zweckmäßig sein, bei starker Sonneneinstrahlung ist Schatten nötig, weil die Böden sich stark erwärmen und bei den Tieren Hitzetod eintreten könnte. Bei übermäßiger Verkotung sollten solche Böden geeggt, geharkt, gefräst oder umgepflügt werden.

Schwimmgewässer sind gut, besonders für die Entwicklung und Reinigung des Gefieders, aber entgegen weitverbreiteter lieferungsmöglichkeit per Lastzug lose in den Futtersilo, Sackware in Kleinmengen ist annähernd doppelt so teuer! Dazu kommen noch Kosten für künstliche Wärme, Beleuchtung, Streu, Einrichtung und Verluste. Hieraus errechnen sich die Selbstkosten einer Pekingente von etwa 7,50–10,– DM, wozu noch je nach Gegebenheiten der Aufwand für die Schlachtung kommt. Bei einem Bratfertiggewicht von 2 kg und einem Ab-Hof-Preis je kg von 10,– DM ist der Erlös für eine bratfertige Pekingente mithin ungefähr 20,– DM.

Während bei Enten, abgesehen von den Herbstmonaten, in denen die stärkste Nachfrage besteht, auch in den Winter- und Frühjahrsmonaten noch mit Nachfrage gerechnet werden kann, sind Gänse fast nur Festtagsgeflügel. Zur Kirchweih (in Bayern am dritten Sonntag im Oktober), zu Martini am (11. November) besonders aber zu Weihnachten, gibt es für frische Mastgänse – einwandreie Qualität vorausgesetzt – praktisch keine Absatzschwierigkeiten bei obendrein guten bis besten Preisen. Hier lassen sich bei Ab-Hof-Verkauf 15,– DM je kg erzielen, also bei einer bratfertigen Gans von 4 kg mithin 60,– DM, wozu der ansehnliche Wert der Federn und Daunen kommt, der bei mehrfachem Raufen (einschließlich Schlachtrupf etwa 400 g) bis zu 15,– DM einbringen kann. Demgegenüber betragen die Kosten für das Gössel je nach Alter etwa 9,00–20,00 DM, für etwa 7 kg Aufzuchtfutter (Sackware) à 0,80 DM bis zur vollen Befiederung etwa 5,60 DM. Außerdem werden für die drei bis vierwöchige Schlußmast nochmals etwa 15 kg Fertigfutter à 0,80 DM, also 12,– DM benötigt. Somit ergeben sich realistisch Kosten von etwa 30,– DM je Gans, wobei allerdings wiederum keine Arbeits- und Schlachtkosten berücksichtigt sind. Falls diese zu Buch schlagen, ist Wirtschaftlichkeit der Gänsehaltung allenfalls noch durch rationelle Massentierhaltung mit schärfster Kalkulation möglich.

Ansonsten kann von der Faustregel ausgegangen werden, daß beim Ab-Hof-Verkauf die Herstellungskosten für Ente und Gans etwa die Hälfte des Verkaufserlöses ausmachen, wobei billiges, wirtschaftseigenes Mastfutter und eigene Elterntiere die Kosten noch weiter mindern können.

Ausgemästete, vollbefiederte Amerikanische Pekingenten, schlachtreif.

Meinung nicht nötig. Stehende Gewässer ohne Zu- und Abfluß werden nur bei sehr geringem Besatz nützlich sein. Durch den Kot besteht die Gefahr der Verjauchung mit der Folge von Faulbrut und Krankheit. In Fließgewässern ist dies nicht zu befürchten, jedoch begrenzen die immer schärferen Umweltbestimmungen heutzutage häufig deren Benutzung.

In einer oberbayerischen Enten- und Gänsehaltung werden jeweils drei- bis vierhundert Zuchtenten auf einem Hektar kiesigen Lehmbodens mit frischem, üppigen Graswachstum gehalten. Das geht seit vierzig Jahren gut, bislang konnte eine Bodenmüdigkeit nicht festgestellt werden. Der Grasbewuchs wird überwiegend von den Zuchtenten abgeweidet, eine Düngung erfolgt, abgesehen von den Ausscheidungen der Tiere, seit vierzig Jahren nicht. Dort wird eine erstklassige Bruteiqualität erzielt.

Einfacher Folienstall bei Auslaufhaltung.

Stallhaltung

Zur Unterbringung während der Nacht, zu ruhiger Eiablage und zum Schutz vor Raubzeug dienen massive Kleinhallen 15 × 18 m, mit großen, außer bei Frost offenen Fenstern, betoniertem Boden und darauf Tiefstreu mit einmaliger Ausmistung im Jahr, oder einfache, auf die Wiese gestellte freitragende Holzschuppen ohne Betonboden etwa 20 × 10 m (Doppelställe), oder ganz einfache gewächshausartige Stahl- oder Aluminium-Rohrkonstruktionen mit Polyäthylenfolien oder Kunststoffplanen darüber.

Ein signifikanter Einfluß der verschiedenen Zuchtstallkonstruktionen auf die Legeleistungen wurde bislang nicht festgestellt. In den Ställen wird weder gefüttert noch getränkt. Morgens zwischen sieben und acht Uhr werden die Tiere in den Auslauf gelassen. Vor Einbruch der Dunkelheit kehren sie rechtzeitig in den Stall zurück. Neu eingestallte Jungenten bleiben zunächst zur Gewöhnung ein bis zwei Tage im Stall und werden an den folgenden ersten Abenden eingetrieben, bis sie von da ab nach einigen Tagen abends den Stall von selbst aufsuchen.

Auf der Entenfarm Cherry Valley in England werden die Zuchtenten nur eine Legeperiode lang gehalten. Zur vorbeugenden Hygiene wurde ihre Haltung von allen anderen Zweigen des Betriebes weit entfernt eingerichtet. Dennoch erhalten diese Zuchtenten keinen Auslauf, sondern sind in soliden Stallkonstruktionen aus Holz untergebracht, wo sie sich nach Belieben auf Drahtgeflecht oder auf Tiefstreu aufhalten können. Bei solcher Haltung hat man die Herden zwar besser im Griff, sie ist aber auch bedeutend aufwendiger.

Gänsezucht
Leistungszucht

Wer Gänse züchten, also nicht nur nachzüchten oder vermehren will, und so bestimmte Ziele, wie erhöhte Fruchtbarkeit, verbesserte Futterverwertung, mehr Fleisch- und weniger Fettansatz zu erreichen wünscht, hat mit hohen Kosten bei unwägbarem Erfolg zu rechnen, denn solche Ziele sind, wenn überhaupt, nur über planmäßige Linienzucht zu verwirklichen. Auf dem ehemaligen DDR-Gänsezuchtbetrieb Lippitsch in der Oberlausitz wurde in den achtziger Jahren ein Hybridzuchtprogramm durchgeführt, wobei es innerhalb von fünf Jahren gelang, die Legeleistung pro Zuchtgans von 42 Eiern pro Jahr auf 65 Eier pro Jahr mit der entsprechenden Zahl von Gösseln zu steigern (94 % Befruchtung, 84 % Schlupf) siehe Bericht Dres. Schneider, Pingel und Schlegel, DGS 51/52-90.

Kontinuierliche Gänseproduktion über das Jahr läßt sich praktisch nicht betreiben, weil die in der Regel gegenwärtig erreichbare, bescheidene Legeleistung von zwei bis drei Gelegen im Frühjahr mit insgesamt etwa 20 bis 30 Eiern je Gans keineswegs dafür ausreicht. Die Abb.

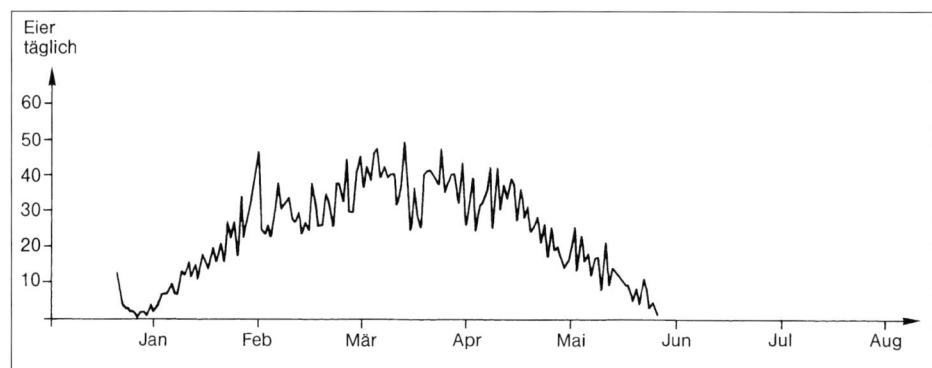

Legeleistung einer Gänseherde aus 130 weiblichen Tieren und 35 Gantern während einer Saison. Es fielen 3970 Eier an, also durchschnittlich 30 Eier je Zuchtgans.

Seite 66 zeigt den typischen Verlauf der Legeleistung einer Gänseherde. Das Legen beginnt Mitte Januar, steigt allmählich bis Mitte April an und fällt dann gleichmäßig bis Ende Juli wieder ab. Die Herde, nach deren Ergebnissen sich die Kurve entwickelte, bestand aus 130 Gänsen und 35 Gantern, der Gesamteieranfall betrug 3970 Stück, die durchschnittliche Leistung pro Gans betrug mithin 30 Eier. *Ein Zuchtziel müßte also eine deutliche Steigerung der Eierleistung sein.* Außerdem wären, wie erwähnt, mehr Fleisch, weniger Fett, und eine geringere Größe erwünscht, denn die Haushalte sind heutzutage klein, und ein schwere, große Gans ist teuer. Bei den Flugenten sind die genannten Zuchtziele insoweit bereits erreicht, weswegen sie sich großer Beliebtheit in Frankreich, zunehmend auch in anderen Ländern und nicht zuletzt in der Bundesrepublik erfreuen. Auch Puten haben den Gänsen insofern den Rang abgelaufen.

Geflügelzuchtverbände, die sich – auch über längere Zeit – mit Gänsezucht befaßten, haben meistens diese Bemühungen wieder eingestellt, was sicherlich mit dem enormen Rückgang der Gänsehaltungen in der Bundesrepublik in den vergangenen dreißig Jahren zusammenhängt.

Der Leistungszucht kommt allerdings die Tatsache entgegen, daß Gänse sehr alt werden können. Thomas G. Fessenden berichtet in seinem 1837 in den USA erschienenen Tierzuchtbuch von einer gesunden, vitalen und auch noch in ihren späten Jahren brütenden Gans, die im verbürgten Alter von 81 Jahren durch einen Unfall umkam; außerdem hatten Gänse

Schönheit von Natur und Tier...

erwiesenermaßen vielfach ein Alter von 70 Jahren und mehr erreicht!

Universitäten und sonstigen Forschungsinstituten könnte sich in der Leistungszucht von Enten und Gänsen eine interessante Aufgabe bieten, wofür allerdings in Deutschland bislang kein Interesse geweckt werden konnte. Mag die Zucht auf verbesserte Leistung der Gänse auch erstrebenswert sein, so bleibt doch sehr fraglich, ob sich das überhaupt lohnt. Auch in Großbritannien hat die bekannte Entenfarm CHERRY VALLEY Bemühungen um die Züchtung einer verbesserten Gans wegen der vielseitigen Problematik nach einiger Zeit wieder eingestellt. Daher ist zu erwarten, daß es auch in Deutschland mit der Gans so bleibt wie eh und je.

Bei den gegenwärtigen Gegebenheiten ist Linienzucht Liebhaberei, macht viel Arbeit, bringt wenig ein und dauert lang, bis Erfolge sich einstellen. Die Nachfrage von Mästern wird sich allerdings bald einstellen, wenn die Gössel des Züchters deutlich bessere Leistungen hinsichtlich Futterverwertung, Mastzeit und Fruchtbarkeit erwarten lassen. Käufer von Schlachtgänsen dagegen fragen nicht nach Rasse und Leistung, sondern nach Qualität, Gewicht und Preis.

Aufstellen der Zuchtherde

Soweit bekannt, werden keine speziellen, hochgezüchteten Zuchtgössel zur späteren Nutzung als Elterntiere hierzulande angeboten. Künftige Elterntiere müssen demnach aus den vorhandenen Gösseln, bzw. von denen, die man bekommen kann, selektiert werden. Es ist zweckmäßig, diese Auswahl dann zu treffen, wenn die Junggänse voll befiedert sind, also im Alter von 8 bis 10 Wochen. Zuchtstämme bzw. Zuchtherden werden bereits im Sommer zusammengestellt, damit sie bei Legebeginn gut und voll entwickelt sind. Werden blutsfremde Ganter den Gänsen erst später zugesellt, wird wegen mangelnder Gewöhnung und Unruhe in der Herde der Befruchtungserfolg fraglich sein. Bei der Selektion beurteile man die Tiere auch nach der Farbe des Gefieders, das wegen der Verwertung als Bettfedern reinweiß sein sollte.

Gänse sind ziemlich unbeholfen. Werden sie an den Ständern gefaßt, gefangen oder gehalten, können sie lahm werden, was sich aber nach einiger Zeit wieder verliert, es sei denn es kam zum Knochenbruch.

Gänsezuchtherden sollten nicht mehr als 100 Tiere umfassen. Es hat sich erwiesen, daß die Legeleistung der Gänse bei einer Vergrößerung der Herde um 100 Tiere jeweils um 2–3 % absinkt. Bei einer Herde von 1000 Zuchtgänsen wäre demnach ein um etwa 22 % geringerer Eianfall je Gans zu erwarten. Demgegenüber ist der Aufwand für kleinere Herden entsprechend größer.

Bewährt haben sich kleine Herden bis zu etwa 50 Tieren mit einem Geschlechterverhältnis von einem Ganter zu vier bis sechs Gänsen, wie es in bäuerlichen Kleinhaltungen üblich und bewährt ist.

Haltung der Zuchtgänse

Weitläufige Weidemöglichkeit mit einem frischen Gewässer ist für die Gesundheit der Zuchtgänse nahezu unerläßlich. Es heißt, daß die gefürchtete Verwurmung nicht auftritt, wo die Gänse sich auf gesunden Gewässern aufhalten können. Für die Befruchtung jedoch ist Schwimmwasser entbehrlich; Ganter treten auch außerhalb, zum Beispiel im Auslauf.

Die Fütterung der Zuchtgänse ist einfach: Nach der Aufzucht und vollen Befiederung genügt im Sommer und Frühjahr gute Weide, werden die Gänse darauf nicht satt, ist zuzufüttern, zum Beispiel Getreide und geeignete Abfälle, gegebenenfalls auch billige Fertigfutter vom Lagerhaus. Zur Einleitung der Legeperiode wird etwa 4 bis 6 Wochen vor dem erwünschten Legebeginn aus Futterautomaten Legefertigfutter in Preßlingen zur beliebigen Aufnahme angeboten. Es hat beispielsweise die in der folgenden Tabelle beschriebene Zusammensetzung:

53 %	Weizen
13 %	Gerste
4 %	Weizenkleie
6 %	Sojaschrot
3 %	Rapsschrot
2,5 %	Fleischknochenmehl
4 %	Tiermehl
7 %	Sonnenblumenschrot
0,5 %	Tierfett
4,5 %	Kalziumkarbonat
2,5 %	Vormischung
(18 %	Rohprotein)

Nach Beendigung der Legeperiode wird wieder wie vorher gefüttert. Zuchttiere dürfen nicht verfetten, womit bei mangelnder Bewegung in zu kleinen Ausläufen zu rechnen ist. Die Folge sind schlechte Befruchtung und schlechter Schlupf. Wenn Zuchtgänsen nicht reichlich Auslauf geboten werden kann, ist es besser, auf Zucht zu verzichten und jedes Jahr die benötigten Gössel zuzukaufen.

Zur Zucht bestimmte Junggänse werden nach der Selektion von der Herde getrennt, weil sie wie bereits gesagt, nur sparsame Fütterung erhalten sollen.

Ein Versuch, die Legeperiode zeitlich zu verschieben, indem Gänsen bis zum Ende des Frühjahrs nur knappes Erhaltungsfutter und Weideauslauf geboten wurde, bewirkte aber lediglich, daß die Gänse auch dann trotz bester Fütterung nicht mehr zum Legen gebracht werden konnten.

Geschlechtsbestimmung

Bei der Selektion von Gänsen zur Zucht stellt sich das Problem der Geschlechtsbestimmung, die oft Schwierigkeiten macht; besonders, solange die Junggänse noch nicht geschlechtsreif sind. Die Geschlechtsbestimmung kann nur durch Beurteilung und Einschätzung der äußeren Merkmale, also des allgemeinen Eindrucks oder durch Untersuchung der Kloake erfolgen. Das weibliche Tier ist meist etwas kleiner, hat einen kleineren Kopf, schlankeren Hals, kürzere und fei-

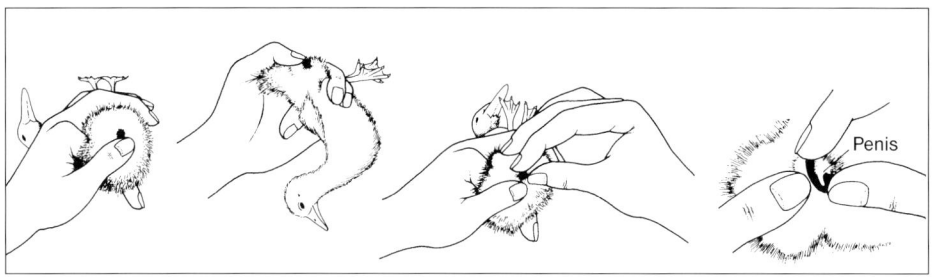

Verschiedene Griffe, um bei Enten- und Gänseeintagsküken die Kloake mit dem winzigen Geschlechtsorgan freizulegen.

nere Paddel und wirkt insgesamt „weiblich". Der Ganter ist etwas größer, hat vor allem einen kräftigeren Kopf und dickeren Hals, größere und kräftigere Paddel, und sein Gehabe wirkt „männlich". Die Behauptung, daß Ganter beim Einfangen Zeter und Mordio schreien, die Gänsinnen aber stumm bleiben, oder daß eine Gänseherde einen sich nähernden unbekannten Ganter in die Flucht jagt, eine Gänsin jedoch mit freundlichem Geschnatter begrüßt, konnte in praktischen Versuchen nicht bestätigt werden.

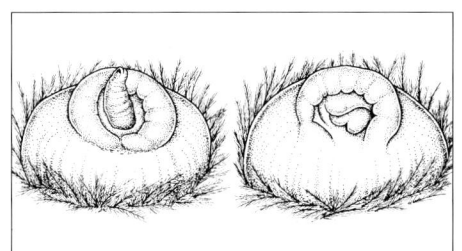

Geschlechtsorgane des Eintagsganters (links) und des weiblichen Eintagsgössels (rechts), beide stark vergrößert.

Zuverlässige Geschlechtsbestimmung ist nur durch Untersuchung der Kloake möglich, entweder beim frischgeschlüpften Gössel oder bei der ausgewachsenen geschlechtsreifen Gans. Das Gössel wird so gehalten, daß die Kloake nach oben zeigt. Nun wird sie durch leichten Fingerdruck ausgestülpt. Bei männlichen Tieren erscheint am unteren Rand der Kloake der kleine nach vorn gedrehte Penis von etwa 2 mm Länge, während bei den weiblichen Tieren die Kloake nur als Rosette mit der Eileitermündung erkennbar ist.

Ausgewachsene Tiere legt man sich im Sitzen mit dem Rücken auf die Knie. Mit der einen Hand wird der Bürzel zurückgedrückt, mit der anderen die Kloake freigemacht und geöffnet. Die der Gänsin öffnet sich leicht, die des Ganters bedarf einigen Drucks. Bei der Gänsin ist die Kloake innen runzlig und die Farbe rosa bis rot. Beim Ganter ist die Kloake innen glatt und hellrot, das auffällige Geschlechtsorgan fast weiß. Geschlechtsbestimmung nach der Innenfarbe der Kloake muß unverzüglich stattfinden, denn sonst verschwindet beim Ganter der Farbunterschied gegenüber der Gänsin.

Man kann die Gans auch mit Hilfe einer weiteren Person rücklings auf einen Tisch legen und festhalten. Dann macht man mit beiden Händen die Kloake frei und drückt mit Daumen und Zeigefinger beider Hände das männliche Glied heraus (ähnlich Abb. Seite 70).

Gesunde, natürliche Gänsezucht und -aufzucht.

Die Eier von Enten und Gänsen

Enteneier

Enteneier werden zur Brut oder Ernährung gewonnen. Allmorgendlich werden sie in den Ställen aufgesammelt und in weich ausgelegten Körben schonend zum Lagerort verbracht. Dabei sind sie vor Sonnenbestrahlung, Regen, Frost und Erschütterungen zu bewahren. Gewinnung in sauberer Schale ist unerläßlich, wird jedoch mitunter problematisch, denn Enten gehen sehr gleichgültig mit ihren Eiern um. Etliche legen in Kuhlen und andere dort, wo sie sich gerade befinden. Bei verkoteter Einstreu und Nässe verschmutzen die Eier, und Keime dringen ein. Das Brutresultat wird so gefährdet.

Waschen nach dem Einsammeln kann zweckmäßig sein, jedoch nur bei Anwendung des richtigen und erprobten Verfahrens, denn unsachgemäßes Waschen bringt mehr Schaden als Nutzen. Erprobt ist, die Eier in einen Behälter mit Desinfektionsflüssigkeit zu tauchen und sie darin gründlich zu umspülen; hierbei ist zu beachten:

1. Die Desinfektionsflüssigkeit muß wärmer sein als die Eier, nämlich 33–35 %C.
2. Die Verweilzeit beträgt 10–15 Minuten. Ist sie geringer, wird nur unvollständige Desinfektion bewirkt, ist sie länger, kann es später zu embryonalen Schäden kommen.
3. Die Verdünnung des Desinfektionsmittels muß der Vorschrift des Herstellers entsprechen.
4. Verschmutzte Tauchflüssigkeit ist rechtzeitig zu erneuern.
5. Trocknung der Eier im Luftstrom ist wegen der entstehenden Verdunstungskälte unzweckmäßig.

Das Waschverfahren ist also aufwendig und, sofern man nicht speziell dafür eingerichtet ist, immer eine Notlösung. Zweckmäßiger ist es natürlich, diesen ganzen Aufwand durch stets saubere Einstreu zu vermeiden, so daß auch saubere Eier anfallen. *Geringe* Verschmutzungen können hingenommen werden.

Werden Bruteier nicht bald in den Brutapparat eingelegt, so sind sie an einem kühlen Ort, zum Beispiel in einem temperierten Schrank waagrecht zu lagern. Die Brut von Doppel- und Kleineiern, sowie solchen, die beschädigt und verformt sind, Längs- oder Querrillen oder auch kalkige Auswüchse an den Eienden aufweisen, ist zwecklos. Bruteier von Pekingenten wiegen durchschnittlich 85 g, sind 7 cm lang und 5 cm dick.

Lagerungsversuche von Bruteiern im gut belüfteten Lagerraum, bei Lagertemperaturen zwischen 7 und 10 °C ergaben eine abnehmende Lebensfähigkeit. Es erwiesen sich als schlupffähig:
- nach 10 Tagen 80 %
- nach 14 Tagen 62 %

- nach 21 Tagen 35 %
- nach 24 Tagen 25 %
- nach 26 Tagen 8 %
- nach 28 Tagen 3 %

Enteneier sind auch Nahrungsmittel. Die Legeleistungen der speziellen Legerassen, wie der Zuchtlinie ‚Cherry Valley 2000', der Khaki Campbell und der Indischen Laufente mit potentiellen 270 Eiern in 52 Wochen, steht den Legeleistungen von Hühnern kaum nach. Enteneier eignen sich hervorragend zum Backen und für Speisen aller Art, weswegen sie weltweit hochgeschätzt und begehrt sind. Ein Vergleich zwischen Enten- und Hühnereiern zeigt: Enten haben

- 0,6 % mehr Protein, insgesamt 13,5 %,
- 3,6 % mehr Fett, insgesamt 14,5 %
- 3,9 % mehr Trockensubstanz, insgesamt 30,3 %

sind also prozentual nährstoffreicher als Hühnereier, abgesehen davon, daß sie um etwa 25 % schwerer sind.

Nach dem 1. Weltkrieg trat in Deutschland eine durch Enteneier eingeschleppte Paratyphusinfektion auf (siehe Kapitel Krankheiten) und führte in der Bevölkerung zu Erkrankungen und Todesfällen. Seither besteht hierzulande verbreitete Abneigung gegen Enteneier als Nahrungsmittel. Es kam zu strengen gesetzlichen Regelungen für Verkauf und Konsum von Enteneiern, welche inzwischen gesetzlich durch die Verordnung über Enteneier vom 25. 8. 1954 (BGBl. I S. 265), zuletzt geändert durch § 15 der Eiprodukteverordnung vom 19. 2. 1975 (BGBl. I S. 537) fortgeführt werden.

Demnach dürfen zufolge § 1 zum menschlichen Genuß bestimmte Enteneier nur dann zum Verkauf vorrätig gehalten, verkauft oder sonst in den Verkehr gebracht werden, wenn sie die deutlich lesbare, in unverwischbarer, kochechter, nicht gesundheitsschädlicher Farbe angebrachte Aufschrift tragen:

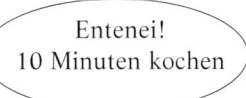

Entenei!
10 Minuten kochen

Die Kennzeichnung muß in ovaler Umrandung mit lateinischer Schrift von mindestens 3 mm Höhe aufgedruckt sein. Die wichtigsten Bestimmungen der Verordnung sind im übrigen:

An den Behältnissen, in denen zum menschlichen Genuß bestimmte Enteneier zum Verkauf vorrätig gehalten oder sonst in Verkehr gebracht werden, muß an einer gut sichtbaren Stelle auf einem mindestens 20 cm langen und 15 cm breiten Schild die deutlich lesbare Aufschrift angebracht sein:

„Entenei!"
Vor Gebrauch mindestens
10 Minuten kochen oder in
Backofenhitze durchbacken!

In den Geschäftsräumen und Verkaufsständen, in denen Enteneier zum Verkauf vorrätig gehalten werden, ist an gut sichtbarer Stelle in der Nähe der feilgehaltenen

Enteneier ein mindestens 40 cm × 30 cm (DIN A3) großes Schild anzubringen, das die deutlich lesbare Aufschrift (Buchstabengröße 12 mm) wie im Kasten rechts trägt.

§ 2 schreibt vor, daß Betriebe, in denen andere Lebensmittel als Eiprodukte im Sinne der Eiprodukte-Verordnung vom 19. Februar 1975 (BGBl. I S. 537) gewerbsmäßig hergestellt werden, Enteneier nur mit Genehmigung der zuständigen Behörde aufbewahren und verwenden dürfen.

Zufolge § 3 ist es verboten, *bebrütete* Enteneier in irgendeiner Form zum Zwecke menschlichen Genusses in den Verkehr zu bringen.

Soweit sie an andere abgegeben werden sollen, müssen sie wie folgt kenntlich gemacht sein:

> Bebrütetes Entenei!
> Zur menschlichen Ernährung untauglich!

Wer den Verkauf von Enteneiern zu betreiben beabsichtigt, sollte sich den gesamten Text dieser Verordnung beschaffen.

Gänseeier

Gewinnung von sauberen und sorgsam behandelten Bruteiern ist auch in der Gänsebrut Voraussetzung für gute Schlupfe. Nasser Schmutz auf Gänseeiern drückt die Schlupfresultate erheblich, u. U. verheerend! Erschütterungen der empfindlichen Eier sind zu vermeiden. Tägliches Einsammeln der Eier fördert die Legeleistung

> Entenei darf zur Verhütung von Gesundheitsschädigungen nicht roh oder weichgekocht verzehrt und nicht zur Herstellung von Puddings, Mayonnaise, Rührei, Setzei, Pfannkuchen, Torten, Schaumspeise (Creme), Speiseeis und ähnlichen Zubereitungen verwendet werden, bei deren Herstellung nicht eine die ganze Masse durchdringende Erhitzung auf mindestens 100 °C mindestens 10 Minuten lang gewährleistet ist.

und dämpft eventuelle Brutlust. Legt eine Gans häufig Doppeleier oder solche mit Schalenmängeln, liegt wahrscheinlich Erblichkeit vor. Weitere Verwendung als Zuchttier wäre nicht ratsam. Bei Lagerung der Bruteier länger als eine Woche ist mit allmählich verminderter Schlupffähigkeit zu rechnen.

Ein Gänseei ist etwa 9 cm lang und 6 cm dick, wiegt 180 g, ist also doppelt so schwer wie ein Pekingentenei.

Zur menschlichen Ernährung sind Gänseeier zwar geeignet, bei der geringen Legeleistung und den zu geringen erzielbaren Preisen wäre es aber nicht wirtschaftlich, deswegen Gänse zu halten.

Gesetzliche Vorschriften wegen Verkauf von Gänseeiern gibt es nicht.

*Oben: Wasser und Weide –
ideale Haltungsbedingungen.
Unten: Indische Laufenten
an einem kleinen Gartenteich.*

Die Brut der Enteneier

Naturbrut

Pekingenten sind, vor allem im ersten Jahr, weder willige noch verläßliche Brüterinnen. Ihre Brutbereitschaft ist unwägbar und individuell sehr verschieden. Flugenten gelten dagegen als bessere Brüterinnen.

Wird eine Ente brutlustig, so baut sie sich, sofern nicht Legenester bereits vorbereitet sind, und sie ein solches auch annimmt, in der Stallstreu eine nestartige Vertiefung, in die sie bis zu einem Dutzend Eier legt und dann mit dem Brüten beginnt. Solange die Brutente noch nicht dauerhaft sitzt, gelangen manchmal auch „fremde" Eier in das Nest. Wenn die Ente vom Nest aus keinen Zugang zu den bisherigen Futterplätzen und Tränken mehr hat, sind ihr Futter, Trinkwasser, möglichst auch eine Badegelegenheit gut erreichbar bereitzustellen. Im übrigen sind Ruhe und Schutz, sofern zweckmäßig durch Abtrennung, sicherzustellen.

Sind alle Vorbereitungen getroffen und „sitzt" die Ente, so bleibt nur auf guten Brutverlauf zu hoffen, vor allem, daß sie durchhält. Das Bruttier weiß nun, wann es die Eier wenden muß, erkennt abgestorbene und schiebt sie aus dem Nest. Von Zeit zu Zeit verläßt sie ihr Nest, um zu fressen, zu trinken, zu baden und dann mit dem nassen Gefieder den Eiern Feuchtigkeit zuzuführen, vor allem aber, verläßt sie ihr Nest auch, damit die Eier während ihrer Abwesenheit abkühlen können.

Eventuell kann es auch zweckmäßig sein, die Bruteier einer, zuvor mit Antiläusepulver eingestäubten, schweren Henne unterzulegen. Sie vermag etwa 10 Enteneier zu brüten und dann auch 10 Küken zu führen. Ist eine solche Henne aber nicht schon vorhanden, wird es oft schwierig sein, sie zu beschaffen.

Nach 28 Tagen Brutdauer schlüpfen die kleinen Entchen. Entenküken nehmen mitunter in den letzten Bruttagen durch feines Piepsen Kontakt mit der Entenmutter auf. Jegliche Störungen sollten von ihr ferngehalten werden.

Kunstbrut

Die Kunstbrut wird seit Jahrtausenden angewandt. Ägypter und Chinesen hatten schon in frühester Zeit spezielle Brutöfen. Auch heute noch werden bei chinesischen Bauern in Gegenden ohne Elektrizität Eier in Geflechtbehältern mit erwärmtem Reis vorgebrütet. Die Schlupfbrut wird in Wärmekammern auf Bambusgestellen gehalten, die von außen durch Heißluft aus Holzfeuer erwärmt werden, freilich eine 24-Stunden-Aufgabe.

Um einer vorzeitig beendeten Naturbrut zuvorzukommen, ist die vorbeugende Anschaffung eines elektrischen Kleinbrüters (Flächenbrüters) zu empfehlen, den es auch für geringe Eizahlen zu kaufen gibt. Es macht zwar große Freude, die Bruttätigkeit einer Brüterin und schließlich den Schlupf ihrer Küken zu beobachten, aber fast noch größer und zwar für die ganze Familie ist die Freude, in sorgfältiger Befolgung eines Brutplans die Eier selbst im Apparat zu brüten und den Schlupf zu erleben.

Brutapparate

Flächenbrüter werden so genannt, weil bei ihnen, im Gegensatz zu Schrankbrütern mit automatischer Kippwendung, in horizontalen, unbeweglichen Flächen gebrütet wird. Thermostate regeln die Temperatur, für Feuchtigkeit ist durch Wasserschalen und nasse Tücher zu sorgen. Auch das während der Vorbrut unumgängliche planmäßige Wenden und Verlegen der Eier auf den Horden erfolgt von Hand, wie auch die Kühlung und Belüftung.

Längerer Probebetrieb des leeren Apparates vor der Einlage ist ratsam, um die Temperatur *genau* einregulieren zu können. Da in den Brutapparaten die Temperaturen an verschiedenen Orten mitunter ungleich sind, wird häufige Kontrolle mittels Fieberthermometern empfohlen.

Zur regelmäßigen Brut größerer Mengen von Enteneiern sind maschinelle Brüter notwendig. Diese bestehen, entweder getrennt oder kombiniert, aus Vorbrutmaschine und Schlupfbrutmaschine. In den Vorbrütern werden die Eihorden täglich mehrmals automatisch um 90 Grad gewendet, während sie bei der Schlupfbrut nicht mehr bewegt werden dürfen. Die Eier werden hierzu in spezielle Schlupfhorden, das sind flache Kästen, umgepackt, in denen die Küken in Ruhe schlüpfen und abtrocknen können.

Je nach Käuferwünschen werden Brutapparate in vielen Größen, Ausführungen und Ausstattungen hergestellt. Die erforderlichen Brutbedingungen, wie Temperatur, Sauerstoffversorgung, Feuchte, Wendung und eventuell noch der Kühlung, sowie der Alarmeinrichtung bei Temperaturabweichung oder Ausfall des motorischen Antriebs werden automatisch geregelt.

Das Fassungsvermögen der Brutschränke beziehungsweise die Zahl der Eiplätze wird von dem zu erwartenden maximalen Eianfall bestimmt und sollte ausreichend groß sein, um nicht jeden Eiplatz belegen zu müssen. Zweckmäßig ist eine Belegung zu zwei Dritteln oder drei Vierteln. Zu enge Belegung bringt schlechtere Schlüpfe, weil es in den Schränken zu Klimastauungen, dadurch ungleichmäßigen Brutbedingungen und folglich unterschiedlichen Schlupfresultaten der einzelnen Horden kommt.

Da je Zuchtente mit einer monatlichen Legeleistung von 20 bis 30 Bruteiern zu rechnen ist, und die Pekingentenbrut 28 Tage und die der Flugenten 35 Tage dauert, ist demnach im Brutschrank je Zuchtente ein Mindestplatzbedarf von 30 Eiern und ein Normalplatzbedarf von 45 Eiern anzusetzen.

Moderne Brutmaschine der Firma Janeschitz.

Planung und Vorbereitung der Brut

Das Ergebnis einer Kunstbrut hängt ab von der Bruteiqualität, dem genauen und zuverlässigen Funktionieren der Brutmaschinen, der Behandlung der Eier vor und während der Brut, der Hygiene in der Brüterei, sowie, und dies beileibe nicht zuletzt, von der Gewissenhaftigkeit und dem Fingerspitzengefühl dessen, dem alle Tage, und nicht selten auch nachts, die Brütereiarbeiten obliegen.

Die feuchtwarme, sauerstoffreiche Luft in den Brutapparaten begünstigt nicht nur die Entwicklung der Bruteier, sondern ebenso Vermehrung und Gedeihen von Krankheitskeimen und Parasiten. Vor solchen ist die Brüterei deshalb vorbeugend zu schützen. Sauberkeit und Hygiene in den Apparaten wie im ganzen Brutraum sind daher ähnlich bedeutsam wie in einem Krankenhaus. Ohne zwingenden Grund sollte niemand die Brüterei betreten, aber wenigstens zuvor eine flache, mit Desinfektionsflüssigkeit gefüllte Schale durchschreiten, damit keine an Schuhen haftenden Keime eingeschleppt werden.

Sorgfältige schriftliche Aufzeichnungen über alle Verrichtungen während des gesamten Brutvorgangs sind Vorbedingung, um nach einem nicht befriedigenden Schlupf Erkenntnisse hinsichtlich der Ur-

Entengelege bei Naturbrut.

Brut- und Arbeitsplan für die künstliche Brut in Flächenbrütern.
Pekingenteneier, Brutdauer 28 Tage,
Flugenteneier, Brutdauer 35 Tage (letzte 10 Tage in Klammern).

Bruttag	Temperatur in °C Eieroberkante	Wenden und Verlegen	Feuchte %	Kühlen (K) und Besprühen (B)	Bemerkungen
1.	38		60–65		Vormittags Einlage
2.	38		60–65		
3.	38	3 ×	60–65		
4.	38	3 ×	60–65		
5.	38	3 ×	60–65	1 × K/B	*vom 5.–27. (34.) Tag:*
6.	38	3 ×	60–65	1 × K/B	Kühlung richtig, wenn Ei
7.	38	3 ×	60–65	1 × K/B	sich am Ende der Küh-
8.	38	3 ×	60–65	1 × K/B	lung deutlich kühler an-
9.	38	3 ×	60–65	1 × K/B	fühlt als am Anfang. Un-
10.	38	3 ×	60–65	1 × K/B	gef. Anhalt: Soviel Minu-
11	38	3 ×	60–65	1 × K/B	ten kühlen als die Brut- raumtemperatur in Grad
12.	38	3 ×	60–65	1 × K/B	beträgt.
13.	38	3 ×	65–70	2 × K/B	*zum 10. Tag:*
14.	38	3 ×	65–70	2 × K/B	Durchleuchten und
15.	38	3 ×	65–70	2 × K/B	Schieren
16.	38	3 ×	65–70	2 × K/B	
17.	38	3 ×	65–70	2 × K/B	
18.	38	3 ×	65–70	2 × K/B	
19.	38	3 ×	65–70	2 × K/B	
20.	38	3 ×	65–70	ca. alle 8 Std. 30–40 Min. K 1–2 × B	
21.	38	3 ×	65–70	ca. alle 8 Std. 30–40 Min. K 1–2 × B	
22.	38	3 ×	65–70	ca. alle 8 Std. 30–40 Min. K 1–2 × B	
23.	38	3 ×	65–70	ca. alle 8 Std. 30–40 Min. K 1–2 × B	
24. (24.–31.)	38	3 ×	65–70	ca. alle 8 Std. 30–40 Min. K 1–2 × B	

**Brut- und Arbeitsplan für die künstliche Brut in Flächenbrütern.
Pekingenteneier, Brutdauer 28 Tage,
Flugenteneier, Brutdauer 35 Tage (letzte 10 Tage in Klammern) (Fortsetzung).**

Bruttag	Temperatur in °C Eieroberkante	Wenden und Verlegen	Feuchte %	Kühlen (K) und Besprühen (B)	Bemerkungen
25. (32.)	38	nur noch Verlegen bzw. 3 × Wenden f. Flugenten	90	ca. alle 8 Std. 30–40 Min. K 1–2 × B	
26. (33.)	38	nur noch Verlegen bzw. 3 × Wenden f. Flugenten	90	ca. alle 8 Std. 30–40 Min. K 1–2 × B	
27. (34.)	38	–	90	ca. alle 8 Std. 30–40 Min. K 1–2 × B	
28. (35.)	38	–	90	–	**Schlupf:** danach Reinigung des Brutapparats

Brutbegleitzettel führen und alle Verrichtungen und Besonderheiten während der Brut schriftlich festhalten.

sachen gewinnen zu können. Denn Kunstbrut ist zwar eine Kunst, aber keine Geheimwissenschaft; zufriedenstellende Resultate lassen sich auch bei nur schematischer Befolgung der Brutschrank-Bedienungsanleitung bald erreichen. Hohe und höchste Schlupfprozente dagegen werden nur von Könnern erzielt werden, welche die Entwicklung der Küken in den Eiern als die werdenden Lebens verstehen, mit großer Aufmerksamkeit alle Gegebenheiten und Veränderungen während des Brutvorgangs überwachen wie auch erkennen und die Brutbedingungen diesen feinfühlig anpassen. Bruteier sollten erst 2 bis 4 Tage nach dem Legen bebrütet werden, denn die Praxis hat gezeigt, daß sofortige Bebrütung den Schlupf beeinträchtigt. Die Befolgung der Arbeitspläne für die künstliche Brut auf diesen Seiten erleichtert die genaue Überwachung.

Bei Pekingenten dauert die Vorbrut etwa 24 Tage und die Schlupfbrut 4 Tage. Dementsprechend bei Flugenten 30 und 5 Tage.

Zur Maschinenbrut werden jeweils ein Vorbrutschrank mit automatischer Kippvorrichtung für die Aufnahme der Eihorden und ein Schlupfbrutschrank ohne Wendevorrichtung mit speziellen Gitterschubkästen zur Aufnahme der geschlüpften Küken benötigt.

Brut- und Arbeitsplan für die künstliche Brut in Motorbrütern.
Pekingenteneier, Brutdauer 28 Tage,
Flugenteneier, Brutdauer 35 Tage (letzte 10 Tage in Klammern).

Tag	Temperatur in °C Eieroberkante	autom. Wenden	Feuchte %	Kühlen (K) und Besprühen (B)	Bemerkungen
1.	37,8	etwa alle 2–5 Stunden	60–65		Vormittags: Einlage und Begasen
2.	37,8	etwa alle 2–5 Stunden	60–65		
3.	37,8	etwa alle 2–5 Stunden	60–65		
4.	37,8	etwa alle 2–5 Stunden	60–65		Kühlung richtig, wenn Ei sich am Ende deutlich kühler anfühlt als am Anfang. Etwa soviel Minuten als Brütereiraumtemperatur in Grad beträgt
5.	37,8	etwa alle 2–5 Stunden	60–65	1 × K/B	
6.	37,8	etwa alle 2–5 Stunden	60–65	1 × K/B	
7.	37,8	etwa alle 2–5 Stunden	60–65	1 × K/B	
8.	37,8	etwa alle 2–5 Stunden	60–65	1 × K/B	Besprühen mit Blumenspritze oder Schlauch, Wasser kalt!
9.	37,8	etwa alle 2–5 Stunden	60–65	1 × K/B	
10.	37,8	etwa alle 2–5 Stunden	60–65	1 × K/B	Durchleuchten und Schieren
11.	37,8	etwa alle 2–5 Stunden	60–65	1 × K/B	
12.	37,8	etwa alle 2–5 Stunden	60–65	1 × K/B	
13.	37,8	etwa alle 2–5 Stunden	65–70	2 × K/B	
14.	37,8	etwa alle 2–5 Stunden	65–70	2 × K/B	
15.	37,8	etwa alle 2–5 Stunden	65–70	2 × K/B	
16.	37,8	etwa alle 2–5 Stunden	65–70	2 × K/B	
17.	37,8	etwa alle 2–5 Stunden	65–70	2 × K/B	

Brut- und Arbeitsplan für die künstliche Brut in Motorbrütern.
Pekingenteneier, Brutdauer 28 Tage,
Flugenteneier, Brutdauer 35 Tage (letzte 10 Tage in Klammern) (Fortsetzung).

Tag	Temperatur in °C Eieroberkante	autom. Wenden	Feuchte %	Kühlen (K) und Besprühen (B)	Bemerkungen
18.	37,8	etwa alle 2–5 Stunden	65–70	2 × K/B	
19.	37,8	etwa alle 2–5 Stunden	65–70	2 × K/B	
20.	37,8	etwa alle 2–5 Stunden	65–70	ca. alle 8 Std. 30–40 Min. K 1–2 × B	
21.	37,8	etwa alle 2–5 Stunden	65–70	ca. alle 8 Std. 30–40 Min. K 1–2 × B	
22.	37,8	etwa alle 2–5 Stunden	65–70	ca. alle 8 Std. 30–40 Min. K 1–2 × B	
23.	37,8	etwa alle 2–5 Stunden	65–70	ca. alle 8 Std. 30–40 Min. K 1–2 × B	Schlupfbrüter vorheizen und Temperaturkontrolle
24. (24.–31.)	37,8	– wenden alle 2–5 Std. bei Flugenten	65–70	ca. alle 8 Std. 30–40 Min. K 1–2 × B	Umpacken in Schlupfbrüter Abends begasen
25. (32.)	37,5	–	möglichst hoch	alle 8 Std. 30–40 Min. K 2 × B	
26. (33.)	37,5	–	möglichst hoch	alle 8 Std. 30–40 Min. K 2 × B	
27. (34.)	37,5	–	möglichst hoch	alle 8 Std. 30–40 Min. K 2 × B	
28. (35.)	37,5	–	möglichst hoch	–	**Schlupf:** Danach Reinigung des Brutapparats

Brutbegleitzettel führen und alle Verrichtungen und Besonderheiten während der Brut schriftlich festhalten.

Temperaturüberwachung

Spätestens am Tag vor der Einlage ist der Vorbrutschrank – sofern noch leer – in Betrieb zu nehmen und auf die richtige Temperatur einzuregulieren. Die Bruteier werden vom Aufbewahrungsort in den Brutraum geschafft und dort, zur Vermeidung eines Wärmeschocks bei der Einlage, in dessen Raumwärme allmählich auf höhere Temperatur gebracht. Unmittelbar vor der Einlage sollten sie annähernd 25 °C erreicht haben, damit die Differenz zwischen der Brutschranktemperatur und der Eitemperatur bei der Einlage möglichst nicht mehr als 12 °C beträgt. Die Eier werden – stumpfes Ende nach oben – auf Horden gelegt. Hierdurch bleibt die Luftblase in ihrer bisherigen Stellung, wodurch auch die Embryonen sich in der richtigen Lage entwickeln.

Die Vorbruttemperatur soll über der Eioberkante, mit Fieberthermometer gemessen, 37,8 °C und im Luftstrom am Hauptthermometer abgelesen 37,6 °C betragen.

Das Hauptthermometer eines Schrankes zeigt immer nur die Temperatur an dessen Fühler an, nicht jedoch jene der Eier, die entsprechend deren Entwicklung unterschiedlich ist. Wirklich zutreffend läßt sich die Bruttemperatur jedenfalls nur durch Fieberthermometer feststellen, die an verschiedenen Orten im Schrank auf den Horden ständig ausgelegt sein sollten, ohne aber unmittelbaren Fühlerkontakt mit den Eiern zu haben, da deren bei verschiedenen Einlagen unterschiedliche Eigenwärme das allgemeine Temperaturbild verfälschen könnte. Zu hohe Bruttemperaturen können die Kükenembryonen in jedem Stadium abtöten oder schwache und mißgebildete Küken zur Folge haben. Mit Sicherheit ist zu früher Schlupf auf zeitweise oder womöglich sogar dauernde Übertemperatur zurückzuführen. Mögen Temperaturabweichungen von wenigen Zehntel Grad noch erträglich sein, so sind jedenfalls solche von einem halben Grad oder mehr zunehmend schädlich.

Gegenüber zu tiefen Bruttemperaturen sind die Embryonen im allgemeinen widerstandsfähiger, aber der Schlupf verzögert sich, die geschlüpften Küken wirken unfertig, der Schlupf ist insgesamt und prozentual unbefriedigend, und obendrein sind erhöhte Kükenverluste zu erwarten. Zu hohe oder zu niedrige Bruttemperaturen müssen als schwere Brutfehler bezeichnet werden und sind eine Hauptursache für schlechte Schlüpfe.

Hierbei ist es oft schwierig, überall im Schrank gleiche Temperaturen zu halten, besonders wenn die Eier beginnen, Eigenwärme abzustrahlen. Beim Schlupf stellt sich immer wieder heraus, daß bestimmte Horden besonders gute Schlupfresultate aufweisen und andere deutlich schlechtere. Dies liegt daran, daß die richtigen Temperaturen nicht überall im Schrank gleichmäßig waren; so bedarf es der Kunst des Brütenden und reicher praktischer Erfahrung, ungefähr gleichmäßige Temperaturen im Schrank zu erreichen. Nur erstklassige Brutmaschinen gewährleisten gleichmäßiges Brutklima.

Frischluftzufuhr

Nicht minder wichtig ist Zufuhr von ausreichend Sauerstoff, also guter Frischluft, da die Embryonen bei Luftnot Schaden nehmen oder sogar ersticken können. Die Luft im Brutschrank kann nie besser sein als die im Brütereiraum, aus dem sie genommen wird.

Zur Erzielung optimaler Schlupfe muß die Frischluft 21–22 % Sauerstoff und weniger als 0,5 % Kohlendioxid enthalten. Zwar kann man mit teuren Geräten diese Werte messen, aber die eigene Nase genügt für den Praktiker. Jedenfalls ist die Luft im Brütereiraum in Ordnung, wenn frei und tief durchgeatmet werden kann. Den Eiern wird die Frischluft durch die mit Luftklappen versehenen Öffnungen im Brutschrank zugeführt und zwar entweder mittels schnell um die Vorbruttrommeln herum rotierender Schlagleisten oder durch seitlich angebrachte Propeller.

Es kommt wesentlich darauf an, daß die auf Bruttemperatur erwärmte, ständig erneuerte Frischluft alle Bruteier gleichmäßig erreicht, umspült und dann wieder abgeführt wird. Zur Regulierung sind hierzu die Lüftungsklappen des Schranks unter Anpassung an das durch zunehmende Eigenwärme der Eier und das sich durch Wetterwechsel mitunter schnell ändernde Brutraumklima zu bedienen. Grundsätzlich kann unbeschränkt Frischluft zugeführt werden, solange sich im Brutschrank Temperatur und Luftfeuchte noch halten lassen.

Luftfeuchte

Auch die Luftfeuchtigkeit ist im Schrank den Erfordernissen der Brut anzugleichen. Während der Vorbrut sollte die Luftfeuchtigkeit etwa 70 % betragen, bei der Schlupfbrut bis Schlupfbeginn dann 90 % und mehr.

Ein Indiz für richtige oder falsche Feuchte während der Brut ist die Entwicklung der Luftblase. Ist die Feuchte zu hoch mit der Folge zu kleiner Luftblasen, werden große, „weiche" Küken schlupfen, ist die Luftfeuchtigkeit dagegen zu gering, wird das Ei zuviel Flüssigkeit verdunsten, die Luftblase wird zu groß und das Küken zu klein.

Mit dem eigentlichen Schlupfbeginn entsteht hierdurch nochmals viel zusätzliche Feuchte im Schrank, die teilweise abzuführen ist, damit der Kükenflaum trocknen kann.

Falsche Luftfeuchte wirkt sich allerdings nicht so schwerwiegend aus wie falsche Temperatur oder mangelnde Frischluftzufuhr.

Wurden die Eier gewaschen, und wurde dadurch deren Schutzschicht entfernt oder beeinträchtigt, kommt es zu vermehrter Verdunstung der Eiflüssigkeit, was zu berücksichtigen ist. Die Brutschrankfabrikanten haben verschiedene Systeme zur Versorgung der Schränke mit Feuchtigkeit entwickelt und geben entsprechende Bedienungsvorschriften mit, an die man sich vorbehaltlich eigener besserer Erkenntnisse und Erfahrungen halten sollte.

Wenden der Eier

Mit der fortschreitenden Entwicklung des Embryos wird das Eiklar wäßrig, das Embryo „schwimmt" darin. Damit es nicht an der inneren Schalenhaut anklebt und womöglich einseitig klimatisiert wird, sind Eier mindestens dreimal täglich zu wenden. Ungenügende Wendung beeinträchtigt den Schlupf. Schrankbrüter wenden automatisch, und je nach Einstellung etwa jede zweite Stunde.

In Flächenbrütern wird von Hand gewendet. Eine Untersuchung über die Bedeutung des Wendens ergab, daß nur aus 29 % befruchteter Eier Küken schlupften, wenn überhaupt nicht gewendet wurde. Dagegen schlupften bereits 78 %, wenn die Eier während der 1. Lebenswoche, und 92 %, wenn sie während der ersten 18 Lebenstage regelmäßig gewendet wurden. Tägliches, mehrfaches und regelmäßiges Wenden der Eier während der Vorbrut ist also unerläßlich.

Hygiene

Selbst wenn Temperatur, Belüftung, Feuchtigkeit und Wendung bei der Brut vorschriftsmäßig beachtet werden, so kann dennoch der Bruterfolg unwägbar werden, wenn die Brutschränke nicht frei von Verschmutzung und Verstaubung gehalten werden, und es an der nötigen Hygiene fehlt. Während die Schlupfbrüter nach jedem Schlupf leer sind, sich also gründlich reinigen und desinfizieren lassen, ist dies bei Vorbrütern, bei denen möglicherweise dreimal wöchentlich eine neue Einlage erfolgt, und die also während der Brutsaison ständig in Betrieb bleiben, erheblich schwieriger. Jedenfalls sollten aber Eierhorden, Hordenwagen, Luftöffnungen und Propeller, insbesondere die maschinellen Befeuchter so oft wie möglich gründlichst gereinigt und desinfiziert werden.

Zur Brutschrank- und Ei-Desinfektion hat sich Formalinbegasung bewährt. Nach einer neuen Einlage in den Vorbrüter wird sogleich begast, wodurch auch die im Schrank bereits länger bebrüteten Eier einer erneuten, jedoch unschädlichen Desinfektion unterzogen werden:

In ein irdenes Gefäß – Glas würde zerspringen – zum Beispiel in einen Suppenteller, gibt man Kaliumpermanganat (auch übermangansaures Kali genannt), stellt es in den Brutapparat hinein, gießt je m^3 Brutschrankinhalt 5 g Formalin darüber und schließt den Schrank. Die sogleich einsetzende heftige Rauchentwicklung, tötet die Keime und bewirkt die Desinfektion. Die Luftklappen des Schranks bleiben so lange geschlossen bis die durch die Neueinlage und Kühlung gesunkene Bruttemperatur wieder erreicht ist; dann sind sie wieder angemessen zu öffnen. Wird dies versäumt, entsteht im Schrank Sauerstoffnot mit unwägbaren schädlichen Auswirkungen. Nach Beendigung der Begasung und Wiedereröffnung der Frischluftzufuhr werden Temperatur, Feuchtigkeit, Belüftung und Alarmvorrichtung kontrolliert und einige Stunden später nochmals.

In ähnlicher Weise wie im Vorbrüter ist Begasung im Schlupfbrüter vorzunehmen, und zwar unmittelbar nach dem Umpacken oder am Abend vor der Entnahme des Schlupfes am folgenden Tag. Sie dauert etwa 45 Minuten, die Frischluftklappen bleiben solange geschlossen.

Der Brutvorgang sollte so gesteuert werden, daß Einlage und Schlupf an gleichen Wochentagen stattfinden, was mit dem Vierwochenbrutrhythmus der Pekingenten und dem Fünfwochenbrutrhythmus der Flugenten korrespondiert. Bei jeder Einlage wird schriftlich festgehalten, auf welche Horden im Schrank die neue Einlage verbracht wurde, damit später die *richtigen* Horden geschiert und die *richtigen* Horden umgepackt werden.

Schieren der Eier

Einige Tage nach Brutbeginn werden im durchleuchteten, befruchteten Ei rote Äderchen erkennbar, die sternartig von dem als dunkler Fleck erscheinenden Embryo ausgehen. Unbefruchtete Eier bleiben klar.

Um befruchtete und unbefruchtete Eier zuverlässig unterscheiden zu können, hat sich das Schieren (Durchleuchten) – im

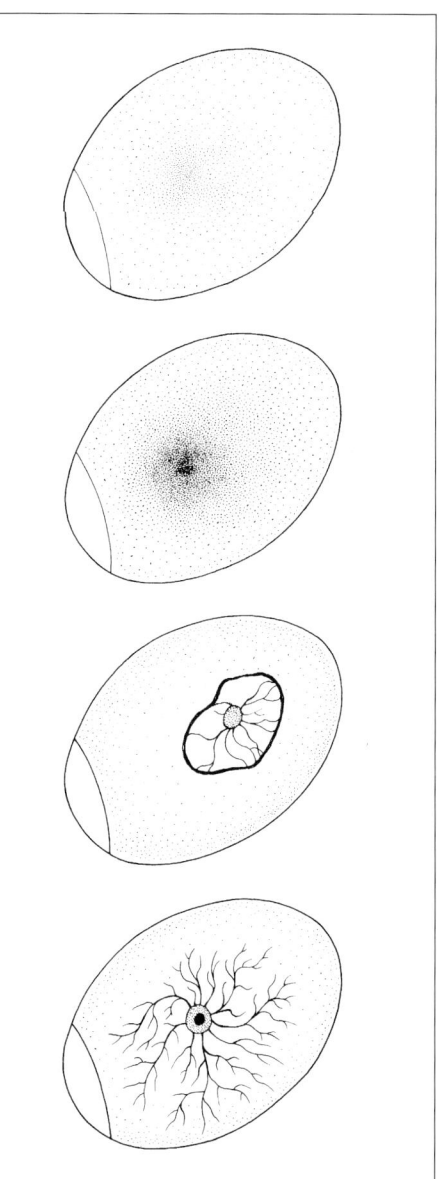

Die Bruteikontrolle mit der Schierlampe kann folgende Bilder ergeben (von oben nach unten):
Das Ei ist klar, also unbefruchtet.
Wolkige Flecken, das Ei ist verdorben.
Blutring, das Embryo ist abgestorben.
Deutlich fester Kern und Äderung, gute Entwicklung des Embryos.

Durchleuchten einzelner Eier mit einer Speziallampe.

Durchleuchten einer ganzen Eierhorde auf einen Blick. Die gelben Eier sind unbefruchtet.

Gegensatz zu häufig anderer Praxis – erst am *zehnten* Bruttag, bewährt. Dabei wird jedes Ei mit einer Speziallampe durchleuchtet. Zeit und Arbeit werden gespart durch hordenweise Durchleuchtung auf einer in Hordengröße von unten durch mehrere Leuchtröhren stark erhellten Milchglasplatte, wodurch fast auf einen Blick die Eier erkannt werden, die aussortiert werden müssen. Durch das verhältnismäßig späte erste Schieren am zehnten Bruttag wird in der Regel ein zweites Schieren überflüssig.

Alle gelblich durchsichtigen Eier und solche mit Beschädigungen werden aussortiert und können, sofern hygienisch unbedenklich, hartgekocht verfüttert werden. Marmoriert verfärbte Bruteier sind zu beseitigen, denn diese enthalten meistens die durch Schmutz auf der Schale, verjauchte Pfützen, stinkende Gewässer oder sonstige schlammige Unsauberkeiten verursachte, gefürchtete *Faulbrut*. Solche Eier explodieren irgendwann während der weiteren Brut unter ekelhafter Gestankentwicklung, infizieren obendrein ihre Umgebung, und die Fäulnis greift um sich. Beim Schieren der horizontal auf den Horden liegenden Gänseeier hat sich bewährt, diese von Hand in Längsrichtung um 180 Grad zu wenden!

Kühlen der Eier

Auch dem täglichen *Kühlen* der Eier während der Brut ist gebührende Aufmerksamkeit zu widmen. In den ersten zehn Tagen bedürfen die Eier zwar dessen nicht, weil sie noch kaum Eigenwärme entwickeln, da aber meistens auch ältere Einlagen im Schrank sind, können sie von der für jene nötigen Kühlung nicht ausgespart bleiben, was nach vieljährigen praktischen Erfahrungen aber nicht schädlich ist.

Zur Kühlung wird die Schrankheizung abgeschaltet und der Schrank unter Laufenlassen der Schlagleisten oder Propeller voll geöffnet. Aber *Vorsicht, sehr gefährlich*, daß man der schnell rotierenden Schlagleiste nicht zu nahe kommt!

Gefahrlos ist es dagegen, sofern moderne Schränke verwendet werden, wenn die **Vorbrutwagen** aus dem Schrank zum Kühlen herausziehbar sind. Sobald dann die Eier sich nicht mehr warm anfühlen, was je nach Raumtemperatur nach 15 bis 30 Minuten der Fall sein wird, ist die Kühlung zu beenden. Allerdings wird so eine sehr ungleichmäßige Kühlung bewirkt, weil die aufsteigende Wärme der unteren Horden die oberen schlecht abkühlen läßt, während der kalte Brütereiboden jene noch zusätzlich kühlt. In manchen Brütereien werden die Horden auch mit lauwarmem Wasserstaub besprüht, um durch Verdunstung auf der Eioberfläche den Kühleffekt zu verstärken und die Feuchtigkeit im Schrank zu erhöhen. Im Betrieb des Verfassers werden die Vorbrutwagen aus den Schränken gezogen, mit kaltem Leitungswasser von 8–12 °C reichlich und gründlich eingesprüht und solange außerhalb des Brutschrankes belassen, bis die Eier sich handwarm anfühlen (Augenwinkelprobe). Wenn dies aber nicht sehr gleichmäßig geschieht und nur zu einem ungleichmäßigen Besprizten der Eier führt, ist wenig Nutzen von dieser Methode zu erwarten.

Auch während der Schlupfbrut, wenn die Küken schon voll entwickelt sind, hat es sich praktisch bewährt, sie durch reichliche Kühlung auf den bevorstehenden Schlupf vorzubereiten.

Hierbei ist zu berücksichtigen, daß die Eier aus dem Vorbrüter nicht zu früh in den Schlupfbrüter verbracht werden, denn jeder unnötige Tag darin drückt das Brutresultat um etwa 2%. Da 3–4 Tage für die Schlupfbrut genügen, ist es zweckmäßig, die Eier am 24. oder 25. Bruttag in den Schlupfbrüter umzupacken.

Analog wird in Flächenbrütern dann nicht mehr gewendet.

Die Schlupftemperatur wird auf 37,5 °C einreguliert und die Feuchte soweit wie möglich, notfalls durch Einbringen von Wasserwannen und Aufhängen saugfähiger, nasser Tücher, verstärkt.

In der Fachliteratur werden gelegentlich Schwemmproben empfohlen, mit denen festzustellen sein soll, ob das Küken im Ei lebt.

Die Zuverlässigkeit solcher *Schwemmproben* bei Gänse- und Entenbruteiern wurde vom Autor untersucht. Bei einem solchen Versuch mit 45 Pekingentenbruteiern ergab sich bei einer ersten Schwemmprobe in gut handwarmem Wasser, fünf Tage vor dem Schlupf ein höchst aufschlußreiches Ergebnis:

6 Eier schwammen und zeigten Bewegungen

7 Eier schwammen ohne Bewegungen

21 Eier gingen unter und zeigten Bewegungen

11 Eier gingen unter und zeigten keine Bewegungen

Bei einer Wiederholung drei Tage später, also zwei Tage vor dem Schlupf (die Küken hatten zum Teil schon angepickt):

24 Eier schwammen und zeigten Bewegungen

4 Eier schwammen und zeigten keine Bewegungen

10 Eier gingen unter und zeigten Bewegungen

7 Eier gingen unter und zeigten keine Bewegungen

Aus diesen 45 Versuchseiern schlupften 40 Küken! Bei Gänsebruteiern waren die Feststellungen ähnlich. Schwemmproben zwecks Feststellung, ob das Küken im Ei lebt, sind mithin unzuverlässig.

Der Schlupf

Mit dem auf der Oberschnabelspitze befindlichen scharfen „Zahn", der bald nach dem Schlupf verschwindet, picken die Küken die Eischale rundum an und springen geradezu aus der Schale. Der beginnende Schlupf setzt viel zusätzliche Feuchtigkeit frei, die abzuleiten ist, damit der Kükenflaum trocknen kann. Die Frischluftzufuhr ist also zu erhöhen.

Hat man sich nun in wochenlangem, hoffnungsvollen Selbstvertrauen gewiegt oder in Zweifeln gesorgt, die Brut gut besorgt zu haben – der Schlupftag ist zugleich der Tag der Wahrheit. Mit dem 28. Tag bei Pekingenten und dem 35. Tag bei Flugenten ist die Brut beendet, die Küken sind geschlüpft. Einige schlüpfen bereits bis zu zwei Tagen früher, wogegen nichts zu machen ist. Etliche schlüpfen verspätet und bilden den unvermeidbaren sogenannten *Nachschlupf*. Um diesen zu beschleunigen und um etliche dieser weniger kräftigen Küken doch noch zu retten, kann ihnen Schlupfhilfe geleistet werden. Dort, wo diese Küken angepickt haben und durch Schnabelbewegungen anzeigen, daß sie am Leben sind, wird die Eischale vorsichtig geöffnet, der Kopf behutsam drehend freigelegt und das Küken zum weiteren Schlupf und zur Abtrocknung wieder in den auf Temperatur gehaltenen Schlupfbrüter zurückverbracht.

Bei einem Versuch blieben von 20 Anpickern, denen Hilfe gewährt worden war, 12 am Leben. Dagegen schlüpften von 41 Anpickern, die ohne Hilfe im Schlupfbrüter belassen worden waren, nur 13, von denen zwei bald nach dem Schlupf verendeten. Werden Küken bei der Schlupfhilfe verletzt und kommt es zu Blutungen, so geht das Küken ein.

80 % Schlupf, gerechnet von der Einlage, sollten in der Pekingentenbrut angestrebt und erzielt werden. Beste Bedingungen vorausgesetzt, können in der günstigen Jahreszeit sogar optimale Schlupfe von fast 90 % der Einlage erreicht werden.

Bei Flugenten, deren Kunstbrut noch diffiziler ist als die der Pekingenten, sind Schlupfe von 70 % gerechnet von der Einlage als zufriedenstellend zu werten.

Wer die Tiere später individuell kennen möchte, muß sie kennzeichnen. Die Praxis hat hier gelehrt, daß die im Handel erhältlichen Ringe, die an den Ständern angebracht werden und Flügelmarken mit der Zeit abgestreift werden und sich verlieren. Dauerhaft dagegen bleiben Markierungen durch kleine Ausschnitte aus den Schwimmhäuten der Paddel. Gleich nach dem Schlupf zwickt man sie mit einer Zange heraus, siehe Abb. unten. Die Küken haben das sofort vergessen und sind nicht beeinträchtigt.

Am Anfang der Saison und gegen Ende, wenn die Vitalität der Enten und die Tretlust der Erpel sich noch entwickeln bzw. wieder nachlassen, können die Brutergebnisse entsprechend niedriger sein. Aber selbst im Winter können bei Pekingenten durchaus Schlupfe von 80 % erreicht werden, wenn die Zuchttiere nicht

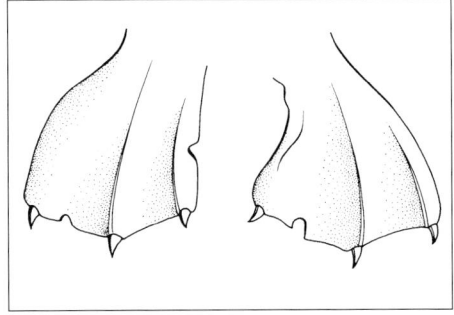

Beispiele dauerhafter Markierung an Paddeln von Enten- und Gänseeintagsküken.

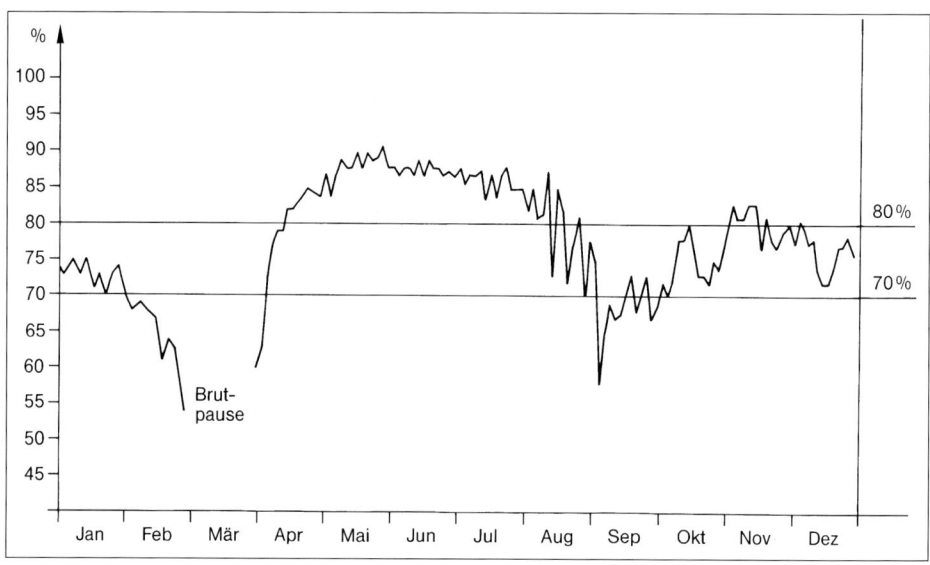

Schlupfergebnisse von Pekingenten in Prozenten der Einlage im Laufe eines Jahres. Schlupfe jeweils Montag, Mittwoch und Freitag.

einer Frostperiode und die Eier nicht direktem Frost ausgesetzt waren.

Die Grafik oben veranschaulicht den typischen Verlauf der Brutresultate innerhalb eines Jahres von Pekingenteneiern einer größeren Brüterei. Aus den schlechteren Schlupfen im August und September lassen sich Rückschlüsse auf die natürlichen Lebensbedingungen der Zuchttiere im Hochsommer ziehen. Vermutlich wirkten sich große Hitze mit Wetterstürzen auf das Allgemeinbefinden der Tiere aus, so daß es zu schlechterer Befruchtung und saisonaler Ermüdung kam.

Jede Brut beginnt indirekt bei der Haltung der Zuchttiere. Solange diese vor Lebenskraft „strotzen", munter und freßlustig sind, sich auf frischen Weideausläufen und womöglich einem Bachlauf oder Teich tummeln können und die Enten die Erpel eifrig locken, werden auch Bruteier bester Qualität anfallen. Wenn diese zudem in sauberer Stallstreu abgelegt werden, sind die Voraussetzungen für guten Schlupf gegeben. Wo solche Eiqualität nicht erzielt wird, kann auch aus dem besten Brutapparat nichts besseres herausgeholt werden als zuvor hineingelegt worden ist, weil er nur so gut funktioniert, als man ihn funktionieren läßt; denn nicht der Apparat brütet, sondern der Mensch, der ihn als Hilfsmittel benutzt. Auf der Suche nach

Brutbegleitzettel		
Schlupfdatum:		
Einlegedatum:		
Umpackdatum:		
Rel. Feuchte Vorbrüter vor Umpacken:		
Lufttemperatur Vorbrüter vor Umpacken: Haupttherm.:		
Lufttemperatur Schlupfbrüter vor Umpacken: Fieberth.		
Lufttemperatur Brüterei beim Umpacken:		
Rel. Feuchte Brüterei beim Umpacken:		
Dauer des Umpackens:		
Einstellung Luftklappen Schlupfbrüter:		
Schlupftemperatur erreicht Uhrzeit:		
Rel. Feuchte z. d. Zeit:		
Fieberthermometertemperatur Oben:		
Mitte:		
Unten:		
Gute Sauerstoffversorgung Brüterei?		
Rel. Feuchte Schlupfbrüter:		
Feuchte voll eingestellt:		
Wassertemperatur:		
Einstellung Luftklappen:		
Temperatur Brüterei:		
Rel. Feuchte Brüterei:		
Schlupfresultat: Kükenzahl:		
Aus wieviel gelegten Eiern:		
Befruchtung in %:		
Schlupf in %:		
Beschaffenheit der Küken trocken, feucht, klebrig, tot, Steckenbleiber:		
Horden gleichmäßig geschlupft?		
Allgemeines Urteil		

Hinweise zur Beurteilung des Schlupfresultats

Erscheinung	Ursache
Keine embryonale Entwicklung, Eier bleiben klar, Dotter schmierig	Unbefruchtet, Frostschäden, zu lange Lagerung, Krankheit
Küken sterben während der Brut ab	Krankheit- und Fäulniskeime, falsche Bruttemperatur, ungenügende Sauerstoffversorgung, ungenügendes Wenden der Eier, Inzuchtschäden, falsche Fütterung der Elterntiere
Küken sind voll entwickelt aber picken nicht an	Mangelnde Lebenskraft, Sauerstoffmangel, Virus- oder bakterielle Bruteiinfektion
Vorzeitiger Schlupf	immer oder zeitweise zu hohe Bruttemperatur, über 38,4 °C zunehmend schädlich
Küken durchstoßen Schale und sterben ab	ungenügende Lebenskraft, zeitweises Überhitzen der Eier mit Schwächung des Embryos, Vorbrut zu feucht, zu wenig Sauerstoff, Bruteiinfektion, Schimmel in der Luftblase (grauer Sporenstaub) mangelnde Feuchte beim Schlupf
Verklebte Küken mit Schalenresten daran	Zu geringe Feuchtigkeit beim Schlupf, schwächliche Kükenveranlagung
Nichteingezogener Dottersack	Brutfehler oder Veranlagung
Auffällig kleine Küken	Kleine Bruteier, zu trocken gebrütet
Auffällig große „schwammige" Küken	zu feucht gebrütet
Verkrüppelte Küken	Brutfehler oder Erbanlage
Offener Nabel	Übertemperatur
Verspäteter Schlupf	Zu niedrige Bruttemperatur, Schäden wenn permanent unter 37,4 °C, zu lange Kühlungen
Zu lange andauernder Schlupf	Ungleichmäßige Temperaturen im Schrank, unterschiedliches Bruteialter

den Ursachen unbefriedigender Schlupfe ist die Übersicht oben mit den Hinweisen zur Beurteilung des Schlupfresultats hilfreich.

Im übrigen beeinflussen auch unzureichendes Wenden, falsche Eilage, Luftstauungen, Ausfall einzelner Heizstäbe, undichte Schränke, mangelhafte Eiqualität durch Haltungsfehler der Zuchttenten das Brutergebnis erheblich. Um den Ursachen unbefriedigender Schlupfe nachgehen und Rückschlüsse auf eventuelle Brutfehler ziehen zu können, sind die Daten des gesamten Brutvorgangs schriftlich festzuhalten. Der Brutbegleitzettel ist hierfür nützlich (Muster Seite 93).

Die Brut der Gänseeier

Das für die Brut von Enteneiern dargelegte gilt sinngemäß auch für die der Gänseeier. Ergänzend und abweichend ist zu bemerken:

Spezielle Gänsebrüter werden von den Brutmaschinenherstellern nicht angeboten. Übliche Brutmaschinen, zum Beispiel Hühnerbrüter, genügen, sind jedoch für die Gänseeier mit passenden Horden für horizontale Auflage auszustatten.

Die Schlupfresultate der Gänsebrut sind oft recht unterschiedlich. Im Frühjahr steigen sie allmählich an, sind im Juni am höchsten und fallen dann bald erheblich ab. Sofern über die Saison hin im Durchschnitt aus drei Bruteiern zwei Gössel schlüpfen, kann man zufrieden sein.

Der Bruterfolg wird wesentlich beeinflußt durch Art und Haltung der Elterntiere. Ein üblicher Verlauf der Gänseeierbefruchtung wird in der Abb. unten dargestellt. Sie steigt im Februar schnell an, erreicht Anfang März fast 90 % und fällt ab Mitte April zurück auf 65 % Ende Juni.

Gänseschlupfresultate, gerechnet von der Einlage, während dreier aufeinanderfolgender Jahre zeigt die Abb. Seite 97. Im April und Mai liegen sie bei 70 %. Im Juni fallen sie ab, bis auf schließlich etwa 40 % im August und September.

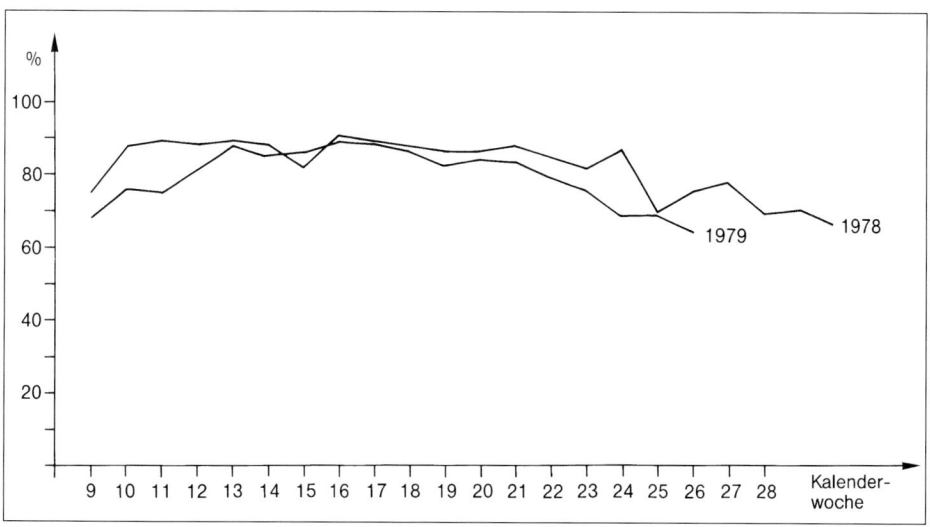

Prozentuale Befruchtung von Gänseeiern im Verlauf zweier Jahre.

Naturbrut

Gänse sind bessere Brüterinnen als Enten, ältere brüten besser als junge, *wenn* sie brüten.

Sobald Gänse brütig werden, bauen sie sich entweder im Gelände oder im Stall aus Einstreu, Zweigen, Federn, Strünken usw. ein Nest und beginnen einige Tage danach mit der Ablage eines Geleges von 7 bis 13 Eiern. Werden die Eier gesammelt, so sollte man sie auf dem spitzen Ende beschriften und das Legedatum mit Bleistift vermerken. Bei Raubzeuggefahr ist es nicht ratsam, der Gans das Brüten im Gelände zu gestatten. Eventuelle Nester sind daher zu zerstören und die Eier wegzunehmen, oder das ganze Freilandnest wird behutsam in den Stall verbracht, wo es eher angenommen wird als ein dort von Menschenhand vorbereitetes. Aber auch im Stall vorbereitete Nester werden von

Die Brutgans hat ein Nest gebaut und „sitzt".

der brütigen Gans angenommen. Es genügt ein ruhiger, geschützter Platz, der zum Beispiel durch Ziegelsteine oder eine halboffene Holzkiste an drei Seiten umschlossen und gut mit Stroh ausgepolstert ist. Sogar eine einfache Kuhle in der Streu reicht aus; sie sollte aber niemals trichterförmig sein, sondern flach, damit die Eier nicht zusammenrollen und womöglich zerdrückt werden. Eine schützende, kistenähnliche Abtrennung durch Bretter oder Ziegelsteine kommt den Brutbedürfnissen der Gans nach Ruhe und Abtrennung entgegen. Nester sollten darum, wenn nicht durch „Wände" abgeteilt, auch einige Meter Abstand von einander haben.

Da damit gerechnet werden muß, daß die Gans nicht zuverlässig „sitzt", ist es zweckmäßig, einen kleinen Brutapparat in Reserve zu halten, sonst ist das wertvolle Gelege womöglich verloren. Auch Puten und Hennen können als Glucken zur Brut von Gänseeiern verwendet werden. Eine Gans oder Pute vermag etwa ein Dutzend Gänseeier zu brüten, eine Henne dagegen nur etwa vier Stück. Es kann zweckmäßig sein, der Gans die Eier zunächst wegzunehmen und kühl zu lagern, man lasse jedoch ein – unbefruchtetes – Ei als Nestei liegen, wodurch die Gans noch weiterlegen wird, bis etwa insgesamt zehn Eier vorhanden sind, und die Gans das Nest nicht mehr verläßt. Die bereits vorhandenen Eier werden dann ebenfalls untergelegt, auch solche von Gänsen, die nicht brüten. Das gesamte Brutgelege sollte jedoch aus höchstens 13 Eiern bestehen. Einer brütenden Gans kann man auch Eier

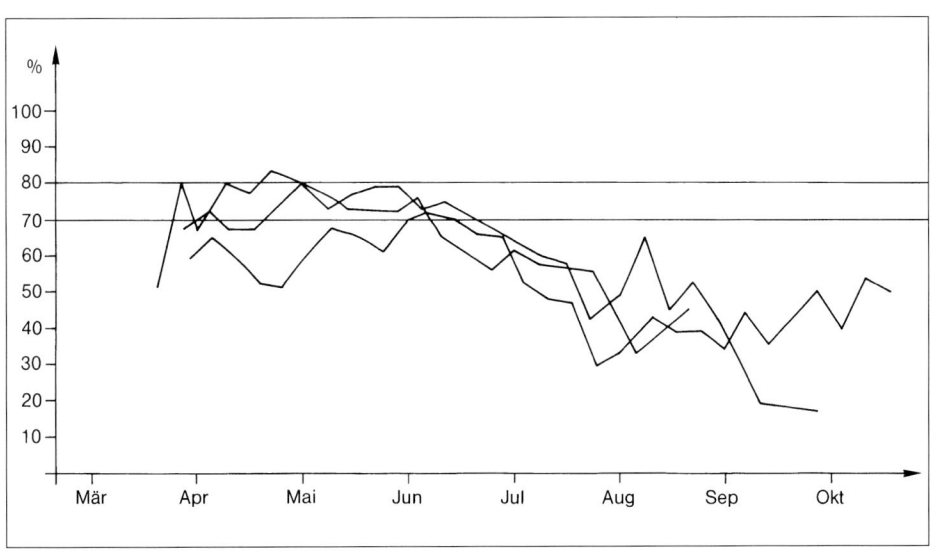

Durchschnittliche Gänseschlupfe während dreier aufeinander folgender Jahre.

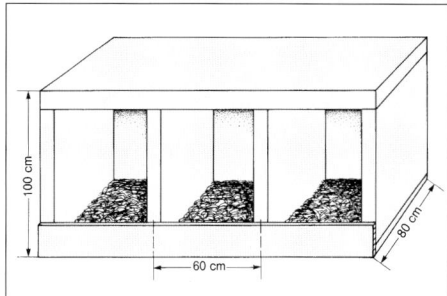

Brutnester für Gänse, einfach selbst zu bauen.

jeglichen anderen Geflügels unterlegen. Das Alter der Eier und eventuell schon begonnene Brut sind zu berücksichtigen.

Haben ältere Eier durch Verdunstung Feuchtigkeit verloren, so daß die Luftblase im Ei größer ist als 2,5 cm, so kann man die entgangene Feuchtigkeit durch Wässern des Eis in lauwarmem Wasser während einiger Stunden ausgleichen.

Futter und Trinkwasser sollten für die Gans bequem erreichbar sein, ebenfalls auch Bademöglichkeit, sonst verschmutzen das Gefieder und die Bruteier, was von Nachteil für die Brut sein kann.

Etwa nach der ersten Brutwoche soll die Gans täglich das Nest für einige Zeit verlassen. Dabei besteht kein Grund zur Besorgnis, denn die Eier beginnen viel Eigenwärme zu entwickeln und bedürfen der Kühlung. Manche Gänse kühlen länger als andere, und der Schlupf ist dann dadurch verzögert. Die Gans steht auch von Zeit zu Zeit auf, um die Eier zu wenden. Sie weiß am besten, wie sie zu brüten hat, man störe sie nicht und wende keine Zwänge an. Dennoch ist eine Kontrolle des Geleges, wenn die Gans das Nest verlassen hat, ratsam. Zerdrückte oder abgestorbene Eier können dann entfernt werden.

Abgestorbene oder unbefruchtete Eier werden von der Gans in der Regel aus dem Nest geschoben, Durchleuchten ist also überflüssig. Kommen Personen in die Nähe des Brutortes, zeigen die Gänse sich zum Schutze ihres Geleges feindlich und mitunter sogar aggressiv.

Weil die Brutgans nun kaum noch Bewegung hat und keine Eier mehr legt, vermindert sich ihr Futterbedarf auf etwa die Hälfte. Das Futter soll ihr jedoch nicht rationiert werden. Es sei nicht zu eiweißhaltig, damit nicht weiteres Legen begünstigt wird. Hafer zur beliebigen Aufnahme aus Trögen und Grünfutter im Auslauf oder aus Raufen reichen vollauf.

Nach etwa 30 Tagen schlupfen die Gössel; je nach den Brutgewohnheiten der Gans kann sich das aber auch um einige Tage verzögern. Unter Umständen ist es zweckmäßig, die bereits geschlüpften Gössel wegzunehmen und in ein gutgewärmtes (Wärmflasche), streugepolstertes Kistchen zu verbringen, damit die Gans weiterbrütet, bis alle Gössel geschlüpft sind.

Nach beendetem Schlupf gibt man diese Gössel wieder unter die Brutgans und läßt sie nun die Gössel führen, was Klein-

Oben: Auch ohne Wohlstand –
Gänsehaltung ist dennoch möglich.
Unten: Enten und Gänse beleben das Dorfbild.

Arbeitsplan für die künstliche Brut von Gänseeiern in Flächenbrütern
Brutdauer 30 Tage

Tag	Temperatur in °C Eioberkante	Wenden und Verlegen	Feuchte %	Kühlen (K) Besprühen (B)	Bemerkungen
1.	38	–	60–70	–	Einlage in den am Vortag auf richtige Temperatur gebrachten Brutapparat. Danach häufige Temperaturkontrollen
2.		–		–	
3.		–		–	
4.		3 × tägl.		–	
5.				1 × K 10 Min.	
6.					
7.					
8.					Erstes Durchleuchten und Schieren
9.					
10.			↓		
11.			75		
12.					
13.				↓	
14.					
15.				1 × K 10 Min.	} Besprühen mit Wasser
16.				1 × B	
17.					
18.				↓	
19.					
20.				2 × K 20 Min.	
21.				1 × B	
22.					Zweites Durchleuchten und Schieren
23.					
24.			↓	↓	
25.				2 × K 20 Min.	
26.		–	85	2 × B	
27.		–		↓	
28.		–		–	
29.		–		–	
30.	↓	–	↓	–	} Schlupf!
31.		–		–	
32.					Brutapparat reinigen.

Brutbegleitzettel führen und alle Verrichtungen und Besonderheiten während der Brut schriftlich festhalten.

Arbeitsplan für die künstliche Brut von Gänseeiern in Motorbrütern
Brutdauer 30 Tage

Tag	Temperatur in °C Eioberkante	Wenden autom.	Feuchte %	Kühlen (K) und Besprühen (B)	Bemerkungen
1.	37,8	etwa alle 2–5 Std.	60	nicht erforderlich, aber wegen anderer Einlagen im Brutschrank nicht zu vermeiden und auch nicht schädlich	Vormittags: Einlage und Begasen Wiederholte Temperaturkontrollen bei 1. Einlage.
2.					
3.					
4.					
5.					
6.					
7.					
8.	↓			2 × tägl. K	Durchleuchten und Schieren!
9.			70	B	Kühlung etwa 20 Min. wenn Schrank voll, sonst kürzer.
10.	37,6				
11.				B	
12.					Besprühen je nach Feuchte im
13.				B	Schrank jeden 2.–3. Tag mit
14.					Wasser
15.				B	
16.					
17.				B	
18.					
19.				B	
20.					
21.				B	
22.					
23.				B	
24.	↓	↓	↓	↓	Vorheizen des Schlupfbrüters auf 37,2°, mehrfache Temp.-Kontrolle
25.	37,2	–	90	K durch Umpacken in Schlupfbrüter! und Begasen!	
26.		–		K 1 × 10 Min. B	Täglich reichliches Besprühen bis zum ersten Anpicken der Gössel.
27.				" B	Kontrolle von Temperatur,
28.				" B	Feuchte und Frischluftversorgung.
29.				–	Zuviel Feuchtigkeit ggfs. abführen Gössel entwickeln beim Schlupf viel Feuchte und müssen abtrocknen können.
30.	↓		↓	–	SCHLUPF!
31.					Reinigung des Schlupfbrutschranks nach Entnahme des Nachschlupfs.

Brutbegleitzettel führen und alle Verrichtungen und Besonderheiten während der Brut schriftlich festhalten.

haltern besonders empfohlen wird, da die Muttergans ihnen viel Mühe bei der sonst notwendigen Gösselbetreuung und auch bei der Aufzucht abnimmt.

Der Schlupf soll zügig erfolgen, was der Fall sein wird, wenn gesunde, gute Bruteier gelegt wurden und richtig gebrütet wurde. Bei länger als sieben Tage gelagerten Bruteiern verzögert er sich um etliche Stunden. Sind Bruteier zu alt, besteht Anfälligkeit für Faulbrut.

Kunstbrut

Wer die Unwägbarkeit der Naturbrut vermeiden und nach Plan wirtschaften will, dem wird empfohlen, mit Brutapparaten zu arbeiten.

Für geringen Eianfall genügen kleine, erschwingliche Flächenbrüter, die es schon mit Fassungsvermögen von nur wenigen Eiern gibt. Wird jedoch Brutkapazität von mehr als 200 Eiern gebraucht, so ist hierfür eine Brutmaschine mit automatischer Wendung zweckmäßig, sonst erfordert das täglich mehrmals nötige Wenden von Hand zu viel Zeit. Kunstbrut verdient diese Bezeichnung doppelt, weil erfolgreiche Brut von Gänseeiern tatsächlich eine Kunst ist, welche außer Können Gewissenhaftigkeit und Fingerspitzengefühl erfordert.

Gänseeier werden in Flächen- oder Motorbrütern folgendermaßen gebrütet:

Am Tag vor dem Brutbeginn werden die Eier in den Brutraum zur langsamen Akklimatisierung verbracht, wo sie sorgsam auf die Horden gelegt werden. Gleichzeitig erfolgt Aufheizen des Apparats auf die vorschriftsmäßige Temperatur von 37,5 °C unter wiederholter Kontrolle, daß diese, wenn erreicht, auch wirklich konstant bleibt. Die automatische Wendung wird eingeschaltet und mit der Feuchtigkeitsversorgung des Schrankes mehrfach kontrolliert.

Gänsebrut dauert bei unseren heimischen Hausrassen 30 Tage. Aus verschiedenen Gründen, zum Beispiel bei zu niedriger Bruttemperatur, kann es zu Verlängerungen bis zu zwei Tagen kommen. Es ist hilfreich, sich an die Brutpläne für Gänse zu halten (siehe Seite 100 und 101) und während der Brut alle Arbeiten, Maßnahmen und Beobachtungen schriftlich zu vermerken (siehe Brutbegleitzettel-Muster Seite 93).

Die Kükenaufzucht

Entenküken

Dem Schlupf folgt die Aufzucht. Hierzu werden die Entchen aus der Brüterei zunächst in eine gründlich gereinigte und desinfizierte Wärmekammer und ein paar Tage später oder gegebenenfalls auch sofort in einen entsprechenden Aufzuchtstall gebracht. Bei kleinen Schlüpfen nur weniger Tiere genügt bereits ein einfaches, oben offenes Holzkistchen.

Die nötige Wärme

Da die empfindlichen Tierchen bislang an die hohe Bruttemperatur gewöhnt waren, werden sie niedrigeren Temperaturen nur allmählich ausgesetzt. In den ersten drei Lebenstagen sollte daher entweder die Raumtemperatur etwa 33 °C (für Flugenten 35 °C) betragen, oder aber es sollten, bei einer Raumtemperatur von nicht weniger als 15 °C, Wärmespender, zum Beispiel Gasstrahler oder Infrarotlampen, vorhanden sein, unter denen die Entchen wie bei einer führenden Mutterente nach Bedarf immer wieder die nötige Wärme finden, ihr aber je nach Bedürfnis auch entgehen können.

Einfache Entenkükenaufzucht in Kleinhaltung unter Infrarotlampe oder Gasstrahler. Futter und Trinkwasser sind ständig angeboten.

Die Tabelle auf S. 104 zeigt die Temperaturen am Boden unter Infrarot mit 250 Watt bei verschiedenen Raumtemperaturen.

Während der ersten zehn Lebenstage ist es gefährlich, an Wärme zu sparen. Auch danach ist weiter auf hinreichende Wärme zu achten, wobei die nötigen Maßnahmen von der Außentemperatur, der Art des Stalles und seiner Einrichtung abhängig sind. Durch ihre Körperwärme tragen die schnell wachsenden Küken zur Erhöhung der Stalltemperatur bei. Nach etwa 17 Lebenstagen ist in der Regel künstliche Wär-

Temperaturen unter einer Infrarotlampe (250 Watt)

Strahlerhöhe cm über dem Boden	°C Mitte	°C 15 cm von der Mitte	°C 30 cm von der Mitte	°C 45 cm von der Mitte
Raumtemperatur 20 °C				
35	45°	30°	26°	24°
50	37°	29°	25°	22°
70	30°	28°	23°	21°
Raumtemperatur 15 °C				
35	35°	28°	22°	19°
50	28°	26°	21°	18°
70	23°	22°	20°	18

me nicht mehr erforderlich, und das Klima bei der Aufzucht wird dem der Mast allmählich angepaßt. Wenn die Entchen während der ersten zehn Lebenstage in ihren Boxen wie Bällchen munter hin und her flitzen, ist die Temperatur richtig, bewegen sie sich dagegen langsam oder klettern sie gar ängstlich piepsend und ständig wärmesuchend übereinander, dann ist es zu kalt, und es kommt zu Erkrankungen. Da diese nicht prompt sichtbar werden, sondern erst nach Tagen ausbrechen, werden fälschlicherweise die Ursachen dann erstaunt aber vergeblich in der Gegenwart gesucht statt in den Versäumnissen der Vergangenheit. Wenn keine Infrarotlampen oder Gasstrahler verwendet werden, sind folgende Aufzuchttemperaturen im Stall noch richtig:

vom 1.–4. Lebenstag 33 °C
vom 5.–10. Lebenstag 27 °C
vom 11.–15. Lebenstag 20 °C
vom 16.–20. Lebenstag 15 °C
vom 21.–25. Lebenstag 10 °C.

Diese Temperaturen sollten allenfalls nur geringfügig unterschritten werden. Hierzu eine ungefähre Faustregel: Je Lebenstag ein Grad weniger Stalltemperatur als im Brutschrank.

Kükenfutter

Mit der Aufzucht beginnt auch die Fütterung. Die altüberlieferten Methoden mit gehackten Brennesseln, krümelig zerkleinerten Eiern usw. sind zwar weiter möglich, wegen ihres mühevollen und unnötigen Aufwands aber nur noch bedingt zeitgemäß. Da jedoch unter Umständen ein erfolgversprechendes Fertigfutter für die Aufzucht nicht beschafft werden kann, obwohl heutzutage solches fast in jedem landwirtschaftlichen Lagerhaus erhältlich ist, sei hier eine selbsthergestellte Hausmischung erwähnt, nämlich:

In Milch eingeweichtes, zerkrümeltes Weißbrot, hartgekochtes, kleingehacktes Ei, auch Schierei, gehackte junge Brennesselblätter oder Kopfsalatblätter. Dazu entweder gebrochener, gekochter Reis mit

Haferkleie oder eine Mischung aus einem Teil Kleie, einem Teil Haferschrot und zwei Teilen Gerstenschrot. Das ganze wird, nicht suppig, sondern knetbar krümelig angefeuchtet und etwa alle drei Stunden in sauberen Futterschalen zum Sattfressen vorgesetzt, wobei frisches Trinkwasser nicht fehlen darf.

Vorteilhafter ist es freilich, ein alle notwendigen Nährstoffe, Vitamine und Spurenelemente enthaltendes und wissenschaftlich ausgewogenes, gepreßtes Fertigfutter zur ständigen Aufnahme aus Futterautomaten anzubieten, wodurch Fütterungsfehler praktisch ausgeschlossen werden. Das richtige Anfangsfutter ist ein „Starter" in 2 mm-Körnung. Die Aufstellung unten zeigt eine mögliche Zusammensetzung in 100 kg:

Mais	61,65 kg
Sojamehl 45	30,00 kg
Fleischmehl 50	4,00 kg
Fischmehl 64	3,00 kg
Dical Phosphate	0,70 kg
Salz	0,30 kg
Methionin	0,10 kg
Spurenelemente etc.	0,25 kg
	100,00 kg
Rohprotein	22 %
Umsetzbare Energie	2900 kcal

Die komplizierte Vielfalt einer solchen Mischung veranschaulicht, daß sie kaum in einer ländlichen Küche oder einer vergleichbaren Anlage hergestellt werden kann. Im übrigen schlagen die Kosten des

Die Spurenelemente enthalten (in Einheiten):

Mangan	100	
Zink	100	
Eisen	20	
Selenium	150	
Jod	1,5	
Kupfer	5	
Vitamin A	9	Millionen
D 3	2	Millionen
E	10	Tausend
B 1	1	
B 2	2	
B 6	1	
B 12	10	
K	2	
Biotin	50	
Nikotinsäure	75	
Pantothensäure	7,5	
Cholin	500	
Folsäure	2	

Futters bei der Aufzucht längst nicht so zu Buch, daß dies die Anwendung unpraktischer Methoden rechtfertigen könnte, zumal während der Aufzucht für ein Kilogramm Gewichtszuwachs nur etwa 1,5 kg Fertigfutter benötigt werden.

Nach der wenige Tage dauernden Starterfütterung wird das billigere Aufzuchtfutter in 3 mm-Körnung gefüttert, z. B. in der Zusammensetzung auf Seite 106: Hinsichtlich der Fütterung ist Entenaufzucht bis zur Befiederung heutzutage durchaus unproblematisch und danach auch, sofern die „Grundforderungen für Entenhaltung" stets erfüllt werden.

Weizen	50,00 kg
Mais	5,00 kg
Fleischknochenmehl	6,00 kg
Fischmehl	1,00 kg
Sojaschrot	22,00 kg
Sonnenblumenschrot	5,00 kg
Fett	3,00 kg
Tapiokamarkenpellets	6,00 kg
Mineral/Vitaminmisch.	2,00 kg
	100,000 kg
Rohprotein	22 %
Umsetzbare Energie	2950 kcal

Auslauf

Wird Auslauf mit Zugang zu Gewässern gewährt, so können die Enten, mag dies auch zunächst absurd erscheinen, ertrinken, wenn ungünstige Uferverhältnisse das Verlassen des Gewässers erschweren. Gewässer müssen flache Uferränder ha-

Entenküken im beheizten Aufzuchtstall auf Edelstahlgitter. Im Vordergrund Futterautomat.

ben, so daß die Küken sie mühelos jederzeit verlassen können. Gegen nasse Kälte

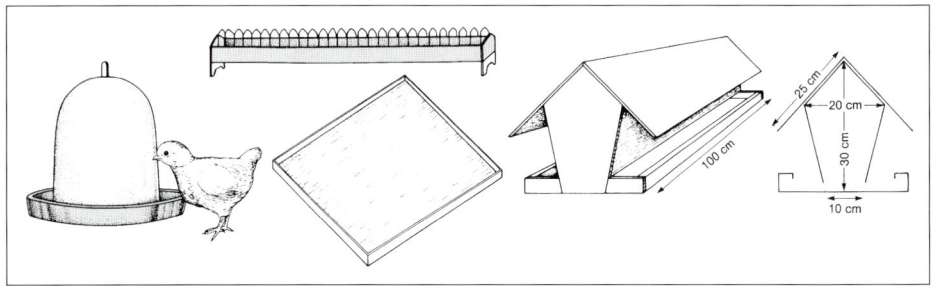

Futtergefäße für die Kükenaufzucht: Stülptränke, Trog und Futterbrett
Futterautomat für den Auslauf, selbst zu bauen. Das vorstehende Dach schützt das Futter vor Regen und ist zum Nachfüllen des Futters aufzuklappen.

Handkarre mit Kükentransportkästen.

Blick in einen beheizten Kükenaufzuchtstall.

Zuwachs, Futterverbrauch und Futterverwertung bei Hybridentenküken bis zum Alter von 4 Wochen.
Alle Gewichte in Gramm und je Tier

Alter in Tagen	Küken- gewicht	Zunahme	Futter- verbrauch	Gesamtfutter- verbrauch	Futter- verwertung
1	55	–	–	–	–
12	710	655	780	780	1 : 1,2
20	1250	540	1227	2007	1 : 1,68
27	1780	530	1136	3143	1 : 1,82

Zuwachs, Futterverbrauch und Futterverwertung bei Flugentenküken bis zum Alter von 4 Wochen.
Alle Gewichte in Gramm und je Tier

Alter in Tagen	Tier-gewicht ♂	♀	Zunahme ♂	♀	Futter-verbrauch ♂	♀	Ges.-futter-verbrauch ♂	♀	Futter-verwertung ♂	♀
1	52	52								
7	80	78	28	26	40	39	40	39	1 : 1,42	1 : 1,5
14	240	220	160	142	177	91	217	130	1 : 1,15	1 : 0,77
21	630	505	390	285	478	435	695	565	1 : 1,12	1 : 1,25
28	1080	880	450	375	1001	870	1696	1435	1 : 1,65	1 : 1,73

und Zugluft sind sie sehr empfindlich, und sollten solcher Witterung erst nach der Befiederung ausgesetzt werden.

Aufzuchtställe

Für die Aufzucht von Enten- und Gänseküken in Mengen wurden praktische Ställe entwickelt. In diese massiven Aufzuchtställe mit Doppelglasfenstern, Betonböden und isolierten Aluminiumblechdecken werden die Küken aus der Brüterei verbracht und auf Drahtgeflechtbalkons mit Edelstahlgitterböden gehalten. Frischluftventilatoren und ölbeheizte Warmluftgebläse regulieren automatisch das Stallklima, eine Alarmanlage meldet eventuelle Ausfälle. Rohrfutteranlagen schalten sich über Zeituhr ein und fördern das Fertigfutter aus den Silos in die Futterbehälter. Fließendes Frischwasser ist aus den alle Balkons erreichenden Wasserrinnen ständig angeboten. Der Kot fällt durch die Gitterböden auf den glatten Betonboden ein Meter darunter und wird etwa einmal wöchentlich in die Kotgrube geschwemmt. Ein schmaler Bedienungsgang durchläuft die Ställe in Längsrichtung, in der Mitte zwischen den Balkons mit Feldbahngleis für die Kükenwagen, in welche die Küken nach erfolgter Aufzucht aus ihren Balkons direkt getrieben und aus dem Stall herausgefahren werden. Sobald dieser leer ist, wird alles mit Hochdruckwasserstrahl gründlich gereinigt und danach desinfiziert. Der Stall ist dann wieder hinreichend keimfrei und zur Aufnahme der Folgeherde bereit. Strenge Hygiene ist einzuhalten, damit die weitere Mast nicht beeinträchtigt wird.

Auf die beträchtliche, von Kükenflaum herrührende Staubentwicklung sei hingewiesen; er setzt sich vor allem in den Belüftungseinrichtungen und Heizsystemen fest und beeinträchtigt deren Wirksamkeit, was bei der Stallreinigung zu berücksichtigen ist. Bei großer Hitze und unzureichender Belüftung oder fehlendem Schatten sitzen die Entchen da und hecheln mit geöffneten Schnäbeln vor sich hin, ein zunächst etwas beunruhigender Anblick; die Zufuhr von Frischluft ist zu steigern, mehr läßt sich kaum tun, erhöhte Verluste treten im allgemeinen durch dieses Hecheln nicht auf.

In einem Stall wird jeweils eine künftige Schlachtentenproduktion für eine Woche aufgezogen.

Ein allmorgendlicher Kontrollgang zur Überprüfung der Versorgungseinrichtungen, zur Entfernung verendeter oder kranker Tiere und ein abendlicher Kontrollblick in den Stall genügen. Ansonsten herrscht darin Ruhe. Die Ställe und das Aufzuchtverfahren haben sich bewährt.

Das Kükenstadium endet im Alter von etwa drei Wochen, wenn die Federn schieben, was für die Tiere eine beträchtliche Umstellung und Belastung aller Wachstumskräfte bedeutet.

Gössel

Gösselaufzucht erfordert große Sorgfalt, aber gelingt, sofern die Grundforderungen erfüllt werden.

Die nötige Wärme

Die aus dem fast 38 °C warmen Schlupfbrüter frischgeschlüpften Gössel müssen in den ersten Tagen sehr allmählich und behutsam an niedrigere Temperaturen gewöhnt werden. Die erforderliche Wärme kann durch Raumheizung, verstellbare Gasstrahler oder elektrische Infrarotstrahler gespendet werden. Sehr wichtig ist für Gössel ein wohltemperierter und keinesfalls kalter Boden. Werden Strahler verwendet, sollten diese über trockener, warmer Einstreu, zum Beispiel auf Strohhäcksel, Fasertorf oder Sägespänen von Nadelholz, so angebracht sein, daß die Tierchen sich die Strahlerzone mit der passenden Temperatur wählen können. Sind zu viele Gössel unter dem Strahler, besteht schnell Erdrückungsgefahr, zumal Gösselherden besonders dazu neigen, übereinander zu klettern. Das Auge des Halters muß das sorgsam überwachen. Es ist besser, den Strahler zu tief als zu hoch zu hängen, denn vor zuviel Wärme im Strahlungszentrum können die Tierchen ausweichen, wodurch zudem ein passender Wärmering mit vergrößerter Fläche entsteht. Allerdings ist bei Gasstrahlern, wenn sie zu tief hängen, eine gewisse Brandgefahr zu berücksichtigen.

Kükenfutter

Wie Entenküken sollten auch die Gössel als erstes Futter einen in jedem landwirtschaftlichen Lagerhaus erhältlichen Kükenstarter in der Körnung von maximal 2 mm zur beliebigen Aufnahme erhalten. Darin ist alles enthalten, was die Gössel benötigen. Täglich frisches und zartes Grünfutter darf bei der Gösselaufzucht nicht fehlen. Es hat zwar nur wenig Nährwert, ist aber für Gesundheit und Wachstum sehr förderlich, und die Tiere haben ein angeborenes Bedürfnis danach. Wo Kükenstarter nicht erhältlich ist, lassen sich auch Gössel mit einer selbsthergestellten Hausmischung wie bei der Entenaufzucht näher beschrieben (siehe Seite 104) aufziehen. Solches Futter ist alle zwei Stunden zu geben, bis die Gössel jeweils satt sind.

Frisches, sauberes Wasser sollte entweder in einer Rinne fließen oder aus Selbsttränken, die für die kleinen Schnäbel auch erreichbar sein müssen, stets vorhanden sein. Eventuell in einer flachen Wanne angebotenes Schwimmwasser ist täglich zu wechseln.

Nach etwa siebentägiger Fütterung mit Kükenstarter wird Aufzuchtfutter in 3-mm-, ab der vierten Wochen auch in 4–5-mm-Pressung gereicht. In diesem Alter der Gössel ist zu entscheiden, ob sie unter Ausnutzung ihrer enormen Wachstumskraft als Schnellmastgänse im Alter von etwa zehn Wochen oder erst im Herbst als Spätmastgänse geschlachtet, oder ob sie zur Zucht verwendet werden sollen. Schnellmast wird im nächsten Kapitel beschrieben. Ist Mast und Schlachtung im Herbst geplant, kommt es darauf an, mit möglichst geringen Kosten die Gänse über den Sommer zu bringen, wobei der Mäster nicht wie bei der Schnellmast unter Zeitdruck steht. Ist diese nicht beabsichtigt, gibt man bis zur vollen Befiederung im Alter von sechs Wochen reichlich Weideauslauf, außerdem täglich noch etwa 150 g Getreide, zweckmäßig Hafer, dieses beste Futter für die Aufzucht von Jungtieren. Danach reicht gute Weide allein, um die jungen Gänse über den Sommer zu bringen. Sie bleiben mager, gewinnen robuste Gesundheit und lassen sich im Herbst, weil dann besonders freßgierig, gut mästen. Während dieser Haltungsperiode können die Gänse auch als Magergänse an Mästereien weiterverkauft werden.

Während der Aufzucht werden ungefähr folgende Mengen Fertigfutterpreßlinge pro Gössel benötigt:

1. Woche etwa 400 g,
2. Woche etwa 700 g,
3. Woche etwa 1000 g,
4. Woche etwa 1500 g.

Danach etwa 250–300 g pro Tag, je nach Futternährstoffgehalt, Klima, Haltungsform und Grünfütterung.

Wenn es die Witterungsverhältnisse gestatten – und nur dann – können Gössel vom ersten Lebenstag an zwischendurch auf Auslauf mit kurzem Gras gelassen werden, aber keinesfalls auf bereifte oder naßkalte Flächen. So fangen sie vom ersten Lebenstag an zu weiden, wodurch Zukauffutter gespart wird. Kann aber solche Weide nicht geboten werden, sollten dennoch wegen der häufigen Neigung der Gössel alles, also auch Mitgössel, anzuknabbern, Kohlblätter, Grünraps, Möhren, zartes Heu oder ähnliches angeboten sein, sonst werden sie sich gegenseitig, möglicherweise bis zur völligen Rückennacktheit den Flaum auszupfen mit der Folge von Wachstumsbeeinträchtigungen und Verlusten. Dem wurde bisher durch behutsame Kürzung der oberen, äußersten Schnabelspitze mit einer scharfen Schere begegnet. Allerdings wird dadurch die Fähigkeit zum Weiden weitgehend unmöglich gemacht. Das Verbot des Schnabelstutzens ist daher berechtigt. Siehe auch den Hinweis auf Seite 120 rechts.

Im Alter von zwei bis vier Wochen sind Gössel besonders krankheitsanfällig; die Grundforderungen für ihre Haltung sind sorgsam zu erfüllen. Die Tränken sind täglich zu säubern, mindestens jeden zweiten Tag ist gut einzustreuen, die Streu muß unbedingt trocken bleiben. Kümmerer sind, als potentielle Krankheitsträger, zu entfernen, sie werden sich ohnehin nie mehr befriedigend entwickeln. Fremde und Gucker sollten von Gösseln ferngehalten werden. Gewöhnt an die Pflegeperson, erkennen sie Fremde als solche sofort und geraten in Unruhe und sogar in Panik mit der Gefahr von Erdrückungen und Erstickungen. Solches kann geschehen, ehe man sich's versieht. Runde Boxen oder abgerundete Boxenecken mindern diese Gefahr.

Stall- und Weidehaltung

Viel Aufzuchtproblematik kann vermieden werden, wenn Gösseln bzw. Junggänsen genug Raum geboten wird. Vom 1. bis 14. Lebenstag sollten pro Gössel ein Zehntelquadratmeter, vom 14.–28. Lebenstag ein Viertelquadratmeter und danach ein Quadratmeter Stallfläche geboten sein. Besteht daneben Auslaufmöglichkeit im Freien, genügt im Stall die Hälfte.

Die Gössel können auf Streu oder Drahtgeflecht gehalten werden. In einem Holzkasten, 80 × 80 cm, mit Boden aus feinmaschigem, punktgeschweißten, verzinkten Viereckgeflecht lassen sich etwa 20 Gössel bis zum Alter von zehn Tagen aufziehen. Dagegen wird für 20 Gössel bei Haltung auf Streu 1–2 m^2 benötigt. Wenn die Streu, bevor neu eingestreut wird, kotig naß, also verdorben ist, ist aber auch dieser Besatz zu hoch.

Auslauf in den ersten Wochen ist gut, aber nicht notwendig. So robust erwachsene Gänse sind, so empfindlich sind sie währen der Aufzucht. Werden die Gössel im Freien nicht von der Brutgans geführt, muß man sie entweder zäunen oder hüten. Bei naßkaltem Wetter darf man sie nicht hinauslassen, droht solches während sie schon draußen sind, müssen sie rechtzeitig wieder in den Stall getrieben werden, sonst erkälten sie sich und gehen ein. Besonders gefährlich sind plötzliche, kalte Regengüsse. Bewährt haben sich kleine, überdachte und versetzbare Käfige auf Grünland, die von Zeit zu Zeit weiter-

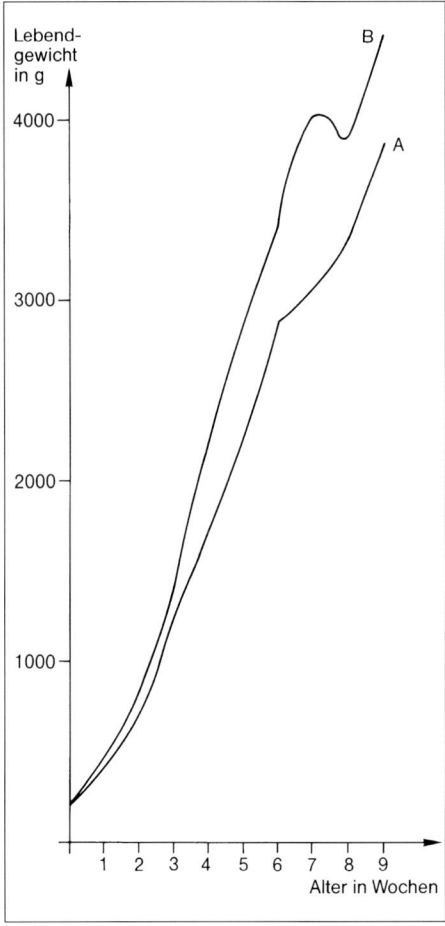

Gewichtsentwicklung von Junggänsen

Gruppe A: Gänsemastfutter zur beliebigen Aufnahme und beliebig Grünfutter.

Gruppe B: Gänsemastfutter wie A jedoch kein Grünfutter.

gerückt werden, um den Gösseln stets frisches, gesundes Grünfutter zu bieten.

Auf Grünland ist die Besatzdichte derart von den Unwägbarkeiten der Jahreszeit, des Klimas, der Niederschläge, der Bodenfruchtbarkeit und der Wüchsigkeit der Grasnarbe abhängig, daß Regeln für die Besatzdichte sich nicht aufstellen lassen. Reicht die Weide aber nicht aus, und ist sie, vielleicht sogar beabsichtigt, wie abrasiert, sind 100–150 g Getreide pro Tier und Tag zuzufüttern.

Bei einem Versuch unter einem einfachen Zelt aus durchsichtiger Polyäthylenfolie mit großen seitlichen Belüftungsöffnungen gelang Gänseaufzucht problemlos. Die Eintagsgössel wurden in Boxen 3 × 3,5 m auf Sägemehl unter Infrarotstrahlern aufgestallt. Gefüttert wurde aus Futterautomaten zur beliebigen Aufnahme. Außerdem wurde täglich frisches Grünfutter gereicht.

Die Gewichtsentwicklung in den beiden Gruppen zeigt die graphische Darstellung auf der linken Seite.

Die Gössel wurden in unterschiedlicher Besatzdichte gehalten, nämlich je Box 10, 20 und 30 Gössel. Alle drei Gruppen entwickelten sich etwa gleich. Nach neun Wochen war ein Durchschnittsgewicht von 4000 g erreicht.

Bis dahin belief sich der Futterverbrauch je Tier auf 10,28 kg, die Futterverwertung lag also bei 1 : 2,57. Da ein Lebendgewicht von 4000 g für eine Gans nicht befriedigt, wurden sie von der 10. Woche an bis zur späteren Herbstmast auf der Weide gehalten.

Grünzeug-Zufütterung an Gänse im Folienstall.

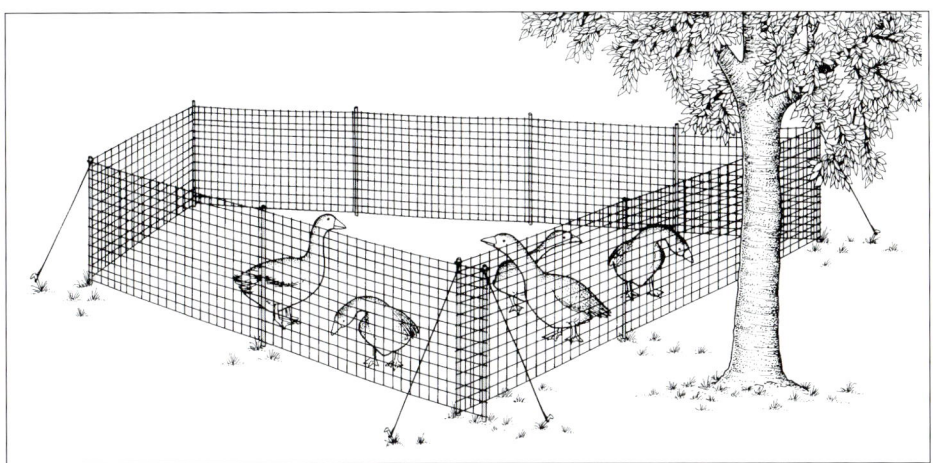
Einfaches, fliegendes Gatter aus Polyäthylennetz für Enten und Gänse

Bei einem weiteren Versuch wurde die Auswirkung eines täglich frischen, unbegrenzten Grünfutterangebots untersucht und festgestellt, daß die Gänse dieses den Pellets bei weitem vorzogen, wodurch hiervon bedeutend weniger gefressen wurde. Allerdings blieben die so gefütterten Gänse in ihrer Gewichtsentwicklung deutlich zurück. Im Alter von neun Wochen wogen die ohne Grünfutter aufgezogenen Gänse durchschnittlich 600 g mehr. Dagegen war die Futterverwertung der mit unbegrenztem Grünfutter aufgezogenen Gänse in Bezug auf die Mastpellets entsprechend günstiger.

Da frisches Grünfutter in der Gänseaufzucht grundsätzlich nicht fehlen sollte, von jungem zarten Grün aber andererseits solche Mengen gefressen werden, daß die Zunahmen deutlich leiden, sollte das Grünfutter zwar immer frisch geschnitten, ansonsten aber etwa von der dritten Lebenswoche an eher überständig, also möglichst leicht verholzt sein, damit nicht zuviel davon aufgenommen wird. Junggänse finden daran aber noch genug Beschäftigung, um von der Untugend des Flaum- und Federbeißens zu lassen und nehmen trotzdem genug diätisches Futter auf.

Die Mast

Entenmast

Aufzucht und Kükenstadium enden mit dem Beginn der Befiederung. Je nach Rasse und Fütterung haben die Tiere ein Gewicht von 0,6–1,7 kg erreicht. Es beginnt die Mast.

Ziel der Mast ist die rentable Gewinnung von Schlachtenten bester Qualität und mit hohem Fleischanteil von vorzüglichem Geschmack. Dies wird erreicht durch intensive, auch Frühmast genannte Schnellmast, die jedoch vor Beginn der ersten Mauser unbedingt beendet sein muß, oder durch allmähliche, saisonale Mast mit Schlachtung irgendwann nach Beendigung der Mauser. Schnellmast ist zweckmäßig für gewerbliche, größere Mästereien, wogegen saisonale Mast, welche den Mäster nicht unter Zeitdruck setzt, mehr für bäuerliche und private Entenhaltungen geeignet ist. Auf diese Weise gemästete Enten bringen auch wegen ihres kernigeren Fleisches und besseren Gefieders höhere Erlöse.

Entenmäster erstreben hohe Mastgewichte mit ausgereiftem Fleischansatz. Werden Schnellmastenten zu früh geschlachtet, sind sie also noch nicht „reif", so wird das Bratergebnis nicht befriedigen, weil die Fleischkonsistenz noch ungenügend ist, und die Enten beim Braten „zusammenfallen". Wird aber der richtige Schlachtzeitpunkt versäumt, und hat die erste Mauser bereits eingesetzt, so sprießen von einem Tag auf den anderen die neuen Kiele aus der Haut, nach dem Rupfen sehen die Enten aus wie Igel, und sind als Braten kaum noch zu gebrauchen, es sei denn, die Aberhunderte von Kielen werden Kiel um Kiel mühselig mit der Pinzette aus der Haut gezogen, was man ein zweites Mal, wenn überhaupt, sicherlich nur höchst ungern tun wird. In einer größeren Schlachterei werden hierfür speziell ausgebildete und fingerfertige weibliche Arbeitskräfte eingesetzt. Darum sollten die Tiere der jeweiligen Schlachtherden immer gleich alt und die Herden nur so groß sein, daß sie innerhalb von zwei Tagen geschlachtet werden können. Bereits bei der Kükeneinstellung respektive der Bruteinlage ist der Schlachttag festzusetzen. Entenschnellmast bedingt also Einhalten eines genauen Zeitplanes. Kleine Herden von 10 bis 15 Enten bringen in der Regel einheitlichere Mastergebnisse als große, wenn bei solchen unbefriedigende Haltungsbedingungen und Überbelegungen gegeben sind. In der Praxis werden letztlich arbeitswirtschaftliche Überlegungen und die Art der Ställe, Ausläufe und Gewässer usw. die von Fall zu Fall zweckmäßigen Herdengrößen bestimmen.

Sind Enten älter als ein Jahr, wird die Haut zäh und ungenießbar, wodurch die Verwertung als Bratente entfällt. Als

Koch- oder Ragoutenten geben aber auch ältere Enten noch schmackhafte Mahlzeiten (siehe Rezepte).

Fütterung

In der Schnellmast folgen der 3–4wöchigen Aufzucht 4–5 Wochen Intensivmast, entweder mit zugekauftem pelletierten Fertigfutter oder selbstgemischtem, krümeligen Naßfutter.

Mastfertigfutter

Ein gutes Mastfertigfutter ist z. B. das der folgenden Zusammensetzung A, ein noch

Entenmast in unbeheizter Masthalle auf verzinktem, mit Kunststoff ummanteltem Drahtgeflecht.

besserer Erfolg wird mit der Mischung B erzielt (siehe Tabelle Seite 117).

Wie gut und preiswürdig ein Fertigfutter tatsächlich ist, kann letzlich aus aufgedruckten Analysen und Erklärungen der Hersteller nicht ersehen, sondern zunächst nur erhofft werden. Dem Käufer bleibt nur, diesen Angaben zu vertrauen. Es ist jedoch zu bedenken, daß einzelne Futtermittelkomponenten auf langen Transportwegen, zum Beispiel von überseeischen Herstellern über Händler zur Verarbeitung in Kraftfutterwerken bis endlich in die Tiermägen, Beeinträchtigungen ausgesetzt sein können, deren Auswirkungen für den Käufer unwägbar sind. Auch sei auf feste Pellets geachtet, da bei hohem Mehlabrieb viel Futter verloren geht. Da Kontrolle der zweckmäßigere Teil des Vertrauens ist, ist es ratsam, die tatsächliche Qualität des Futters durch Vergleich der Mastresultate mit denen anderer Futtermischungen zu überprüfen. Welche enormen Unterschiede solche Kontrollmästungen im Endergebnis aufdecken können, wurde bereits im Kapitel „Die Haltung von Enten und Gänsen" gezeigt (Seite 39).

Eigenmischungen

Mit Eigenmischungen lassen sich zwar ebenfalls gute Mastergebnisse erzielen, sie sind aber deutlich arbeitsaufwendiger. Auch hier wird ein Parallelversuch bald zeigen, welche Mastmethode höheren Rohüberschuß (Entenerlös minus Mastfutterkosten) zur Folge hat, und der spit-

Extensive Entenkleinhaltung zur Selbstversorgung.

Entenmastfutter A			**Entenmastfutter B**		
Mais	35	%	Mais	53	%
Weizen	15	%	Fischmehl	4	%
Gerste	11	%	Fleischknochenmehl	1	%
Fischmehl	1	%	Sojaschrot	27,5	%
Fleischknochenmehl	1	%	Sojaöl	6	%
Sojaschrot	21	%	Mineralstoffe	2,5	%
Sojaöl	4	%	Vitaminstoffe	1	%
Maisglutenfutter	5	%	Magermilchpulver	3	%
Maiskeimschrot	2	%	Weizennachmehl	2	%
Melasse	1	%		100	%
Mineralstoffe	3	%			
Vitaminmischung	1	%			
	100	%			
Rohprotein:	18	%	Rohprotein:	22	%
Umsetzbare Energie kcal/kg	2850		Umsetzbare Energie kcal/kg	3200	

Eigenmischung A		Eigenmischung B	
Getreideschrot (Mais, Weizen, Gerste, Hafer	84 %	Kartoffeln gekocht	50 %
Fischmehl	3 %	Futtergetreideschrot	20 %
Tiermehl	3 %	Fisch- oder Tiermehl	5 %
Sojaschrot extr.	5 %	Sojaschrot extr.	20 %
Trockenhefe	3 %	Trockenhefe	3 %
Mineralstoffmischg.	2 %	Mineralstoffmischung	2 %
	100 %		100 %

ze Bleistift wird deutlich machen, was rentabler ist.

Wenn für die Fütterung immer erst zahlreiche Futterkomponenten womöglich von verschiedenen Lieferanten beschafft, später prozentual abgewogen, gemischt und zubereitet werden müssen, wird die Haltung von Enten, die doch Freude bringen soll und kann, dem einen oder anderen vermutlich mit der Zeit lästig werden, so daß er sie wieder aufgeben wird. Mag auch der saisonale Mäster das füttern, was er jeweils hat oder besonders günstig bekommen kann, er wird selbst dann nicht umhin können, wichtige Komponenten zuzukaufen.

Als Eigenmischungen kommen zum Beispiel die Zusammensetzungen oben in Frage.

Dazu kommt natürliches Futter vom Auslauf oder Teich, wie Gras, Kräuter, Kerbtiere, Würmer, Lurche, Schnecken, Mäuse, Algen, Wasserlinsen (Entengrütze) usw.

Fütterung mit Küchenabfällen

Es verwundert, daß die Möglichkeit so wenig genutzt wird, Küchen- und sonstige geeignete Abfälle durch Entenhaltung zu verwerten, um sich billige Eier oder Braten zu verschaffen. Was nämlich Schweine fressen, das fressen, sofern nicht suppig, sondern *feuchtkrümelig* aufbereitet, Enten ebenso. Wo Schweinehaltung, die nicht jedermanns Sache ist, Probleme schaffen könnte, lassen sich oftmals ohne wesentliche Schwierigkeiten Enten halten, läßt sich leicht der Eierbedarf eines Haushalts decken und die Fleischversorgung erfreulich, vielseitig und billig bereichern.

Wegen der oft unterschiedlichen Nährstoffanteile der Küchenabfälle wird allerdings von der Schnellmast eher abgeraten. Aber auch bei billiger Abfallmast werden Schlachtenten mit sehr befriedigendem Fleischansatz heranwachsen, umsomehr dann, wenn das Futter drei Wochen lang vor dem Schlachttermin zur jeweils vollen Sättigung mit geschrotetem, gequetschtem oder gequollenem Getreide oder gekochten Hackfrüchten ergänzt wird. Auch bei der Mast mit Abfällen ist begrenzter, frischer, wüchsiger Auslauf zweckdienlich, um ein einseitiges Futterangebot zu vervollständigen.

Freilich ist nicht möglich, eine Norm dafür aufzustellen, wieviele Enten von den Abfällen etwa eines 4-Personen-Haushalts gemästet oder als Eierlieferanten gehalten werden können, denn solche Abfälle sind mengen- und nährstoffmäßig unwägbar. Während im Abfallkübel des einen Haushalts kaum mehr als Kartoffelschalen, Salatreste und Fischgräten zu finden sind, enthält ein anderer oft ganze weggeworfene Menüs und Brote.

Sofern Küchenabfälle und Auslauf nicht ausreichen, die Entenherde satt zu machen, ist zuzufüttern, sei es mit anderen Abfällen aus Speisewirtschaften, Heimen, Nachbarhaushalten, Brennereien, Brauereien, Brütereien, Fleisch- und Fischverarbeitungsbetrieben usw., und mit Getreideschroten oder Hackfrüchten. Auch bei solcher Abfallmast sollte das Futter in den letzten drei Wochen zu etwa einem Drittel aus Getreideschrot bestehen, um einen reichen und kernigen Fleischansatz zu bewirken. Abfälle, und auf alle Fälle diejenigen, welche nicht aus der eigenen Wirtschaft stammen, werden

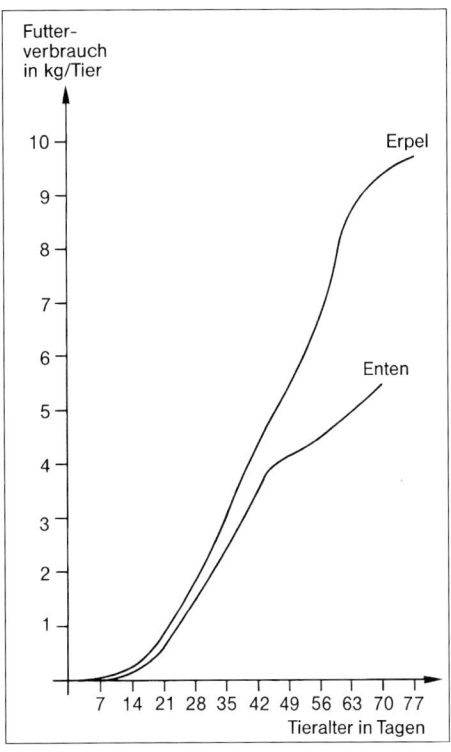

Futterverbrauch von männlichen und weiblichen Flugenten in Herden von je 23 Tieren.

Gewichtsentwicklung und Futterverbrauch von männlichen und weiblichen Flugenten von der 5. Woche an

Alter in Tagen	Tiergewicht ♂	♀	Zunahme ♂	♀	Futterverbrauch ♂	♀	Ges.-futterverbrauch ♂	♀	Futterverwertung ♂	♀
35	1610	1330	530	450	1282	956	2978	2391	1,91	1,87
42	2240	1440	630	110	1410	1217	4388	3608	2,00	2,60
49	2660	1570	420	130	1199	609	5587	4217	2,14	2,78
56	3050	1910	390	340	1178	348	6765	4565	2,26	2,46
63	3490	2050	440	140	1974	435	8739	5000	2,54	2,50
70	3670	2210	180	160	739	550	9478	5550	2,62	2,57
77	3950		280		312		9790		2,48	

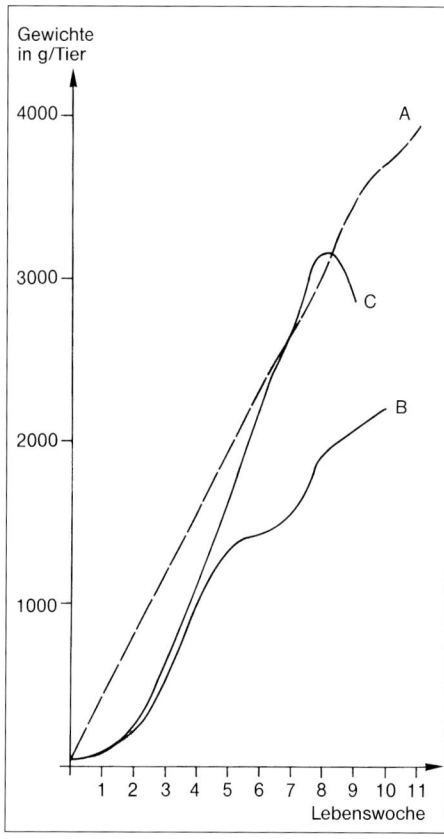

Mastverlauf von drei Gruppen mit 25 Flugenten. A: männliche Tiere; B: weibliche Tiere; C: geschlechtsunsortiert.

gekocht oder gedämpft und erst erkaltet verfüttert. 2 % Mineral-Vitaminmischung sollten dabei nicht fehlen.

Haben die Küken sich frohwüchsig entwickelt, wird auch die Mast befriedigend verlaufen, sofern allzeit die Grundforderungen erfüllt werden, was sich so leicht sagen, aber praktisch und besonders bei größeren Beständen oftmals nicht leicht befolgen läßt. Die Sorgfalt des Mästers, sein Gefühl für die Bedürfnisse der Tiere, das Fernhalten von Erregungen aller Art und die unverzichtbare Mastruhe werden jedoch zum Erfolg führen.

Gewichtsentwicklung und Futterverbrauch von nach Geschlecht getrennten Flugenten von der fünften Woche an (bis dahin siehe Seite 119 oben) zeigt die Übersicht auf Seite 119 unten.

Mit Beginn des Federnschiebens stellt sich häufig bei einigen Tieren die schlimme Untugend des Federfressens, vor allem an den Flügel- und Schwanzfedern und am Rücken ein. Ständige Unruhe in der Herde, blutige Hautschäden und später stoppeliges Gefieder sind die Folgen. In den Boxen können die Tiere den Peinigern meist nicht entrinnen. Zufütterung von Hafer, frischem kurzen Grünfutter und etwas Salz schafft eine gewisse, aber keine zuverlässige Abhilfe. Das Stutzen der Schnäbel im Kükenalter war eine hilfreiche Maßnahme. Es ist nach dem Tierschutzgesetz mittlerweile verboten, und durch richterliches Urteil bekräftigt (Oberverwaltungsgericht Münster, AZ: 20A 110/93).

Stall- und Freilandhaltung

Erfolgt die Mast in einem anderen Stall als dem der Aufzucht, müssen die Tiere vor solchem Wechsel auf das neue Stallklima entsprechend vorbereitet und allmählich daran gewöhnt werden. Aus einem Aufzuchtmassivstall mit einer Temperatur von 20 °C wird nicht ohne empfindliche Verluste in einen ungeheizten Maststall mit Minustemperaturen umgesetzt werden können.

Die Mast erfolgt entweder
- auf Bodenboxen mit Einstreu, oder
- auf Drahtgeflechtbalkons, oder
- auf Bodenboxen kombiniert mit Drahtgeflechtböden, oder
- auf gezäuntem oder ungezäuntem Freiland.

Bodenboxen erfordern verhältnismäßig wenig Aufwand für die Einrichtung, jedoch viel Arbeit durch das Einstreuen und Ausmisten.

Drahtgeflechtbalkons ersparen das, das Gefieder bleibt sauber, die Besatzdichte kann erhöht werden. Die Probleme der Entfernung und Verwertung des Kotschlamms müssen allerdings praktisch und zweckmäßig gelöst und gründlich durchdacht sein.

Bodenboxen kombiniert mit Drahtgeflechten und dort aufgebrachten Tränken ersparen vernäßte Einstreu und bieten stets sauber-trockenen Platz, die Tiere können sich aufhalten, wo es ihnen behagt.

Freilandmast, gezäunt oder ungezäunt, ist nur von Frühjahr bis Spätherbst möglich. Benötigt werden lediglich ein Grundstück mit Futterplatz und Tränke, eine beleuchtete, gegen Raubzeug sichere Unterkunft bei Nacht und ein Zaun. Solch eine von jedem Grundstücksbesitzer unschwer zu errichtende Anlage ist für kleine und große Herden geeignet, bei letzteren ist mit weniger einheitlichen Mastresultaten zu rechnen. Mitunter wird viel junges Grünfutter abgeweidet und damit zuviel Eiweiß aufgenommen, so daß so gemästete Tiere dann in der Pfanne „zusammenfallen". Wenn auch Masttiere sich nicht zuviel bewegen sollten, so darf dennoch das Gelände, um bei nassem Wetter nicht zu verschlammen, nicht kleiner sein als zur Erhaltung der Grasnarbe notwendig ist. Je reicher der Auslauf, desto mehr natürliches, also kostenloses Futter wird gefunden, und abends kommen die Enten mit prallgefüllten Kröpfen in ihren Stall zurück.

Auf einem bayerischen Gutshof erfolgt die Mast in offenen Holzhallen, deren seitlich durchgehende Öffnungen im Winter provisorisch mit Polyäthylenfolien geschlossen werden. Die Mitte der Ställe durchläuft ein von Traktor und Wagen befahrbarer, asphaltierter Fahrweg, links und rechts befinden sich über durchgehenden Betongruben Boxen mit Laufböden aus kunststoffummanteltem Drahtgeflecht, die auf intensiv karbolineumgetränkten, mehrfach kunststoffbeschichteten Holzbalken aufgebracht sind, auf welchen Laufbretter befestigt wurden. Neben dem Fahrweg befinden sich die Futterautomaten, die mittels Spezialwagen einmal wöchentlich durch Kippschüttung befüllt werden. Schmale Tränkrinnen durchlaufen die Ställe in ihrer ganzen Länge. Ein- bis zweimal jährlich werden die unter den

Boxen befindlichen Kotgruben leergepumpt (siehe hierzu auch Abb. auf Seite 50).

Der von der eigenen Wirtschaft nicht benötigte Teil des Gülleanfalls (siehe Seite 168) wird kostenlos an andere Landwirte abgegeben bzw. kostenpflichtig vom Maschinenring abtransportiert.

In der englischen Entengroßfarm Cherry Valley sind die Ställe so eingerichtet, daß Aufzucht und Mast direkt aneinandergrenzen. Ist die Aufzucht im Warmstall beendet, werden die Küken einfach durch eine Wandöffnung nach nebenan in den unbeheizten Maststall getrieben, ein Verfahren, das viel für sich hat. Allerstrengste Hygiene ist dort selbstverständlich, allein der Stallwärter hat Zutritt, eventuelle Besucher werden zuvor von Kopf bis Fuß steril eingekleidet.

Gänsemast

Gänsemast heißt nicht nur füttern; vielmehr sollen die Tiere veranlaßt werden, viel und mehr als nötig zu fressen, damit sie gut zunehmen.

Frühmast und Spätmast

Es wird Früh- und Spätmast unterschieden. Frühmast beginnt mit der vierten und endet mit der neunten bis zehnten Lebenswoche, jedenfalls aber vor Beginn der ersten Mauser, die entsprechend Haltung und Fütterung, etwa dann einsetzt. Spätmast erfolgt im Herbst und beginnt drei bis vier Wochen vor dem beabsichtigten Schlachttermin.

Vorteile erfolgreicher Frühmast sind ein verhältnismäßig geringer Futteraufwand, besonders zartes und wohlschmeckendes Fleisch mit gegenüber der Spätmast geringerem Fettanteil, ein im Verhältnis zur Spätmast kürzerer Arbeitsaufwand und die Möglichkeit eines weiteren Mastdurchgangs im bald wieder freien Stallraum und Auslauf.

Nachteile sind Schlachtreife zu einer Zeit praktisch ohne Nachfrage, höchste Anforderungen an Haltung und Fütterung, unbefriedigende Schlachtkörperqualität mindestens eines Drittels der Frühmastgänse mit geringerem Fleischansatz und spitzem Brustbein, bei Unverkäuflichkeit Notwendigkeit des Einfrierens, Gefahr der Stoppeligkeit der Haut falls der richtige Schlachtzeitpunkt versäumt wird, so daß die Schlachtkörper unansehnlich und eventuell sogar unverwertbar werden, und schließlich geringerer Federn- und Daunenertrag mit gegenüber dem Spätmastgefieder minderer Qualität.

Da Gössel außerdem hauptsächlich in den Monaten April, Mai, Juni schlüpfen, fällt die Frühmast in die heißen Sommermonate, so daß sie durch die Hitze zusätzlich beeinträchtigt wird.

Die Vorteile der Spätmast sind demgegenüber offenkundig: Die erhöhte, spezielle herbstliche Freßlust der Gänse bringt gute Schlachtqualität, Schlachtung erfolgt zu einem Zeitpunkt saisonbedingter starker Nachfrage, hinsichtlich des Schlachtdatums besteht kein Zeitdruck durch eine bevorstehende Mauser, die Haut ist also schön appetitlich und „marzipanartig", für die *frische* Gans kann ein guter Preis erzielt werden, und es werden Federn und Daunen guter Qualität gewonnen.

Jahrzehntelange, zum Teil teure Erfahrungen führten zu folgendem, inzwischen seit Jahren bewährten Mastverfahren: Aufzucht im Stall bis etwa zur 7. Lebenswoche, davon die ersten 3 Wochen je nach Witterung mit künstlicher Wärme, danach 6 Wochen im Freiland auf guter Weide, dabei nachts wegen Raubzeug und sonstigen Gefahren in Folienstall. Anschließend 4 Wochen Endmast im Maststall, Schlachtung also nach insgesamt 17 Wochen. Die Weideperiode kann noch verlängert werden, die Schlußmast muß aber vor der beginnenden Geschlechtsreife beendet sein, da Gänse dann nicht mehr zunehmen.

Die Nachteile höheren Futteraufwands und längerer Haltung, also höherer Kosten, werden bei weitem durch die Vorteile aufgewogen.

Fütterung

Da Gänse das Mastfutter im Auslauf statt in Zuwachs zum Teil in nutzlose Bewegung umsetzen und durch Auslauf außerdem die Aufnahme von Mastfutter beeinträchtigt wird, erfolgt die Mast in Boxen.

Für befriedigende Mastresultate kommt es dabei darauf an, die Freßlust anzuregen und zu erhalten, sowie Wohlbefinden und Ruhe zu sichern. Kleine Mastgruppen sind ruhiger, je kleiner, desto besser. Damit die Gänse nicht von der Futteraufnahme abgelenkt oder nervös gemacht werden, sollten Geräusch- und Sichtbeunruhigungen ausgeschlossen werden. Eine Woche vor dem eigentlichen Mastbeginn sollten die

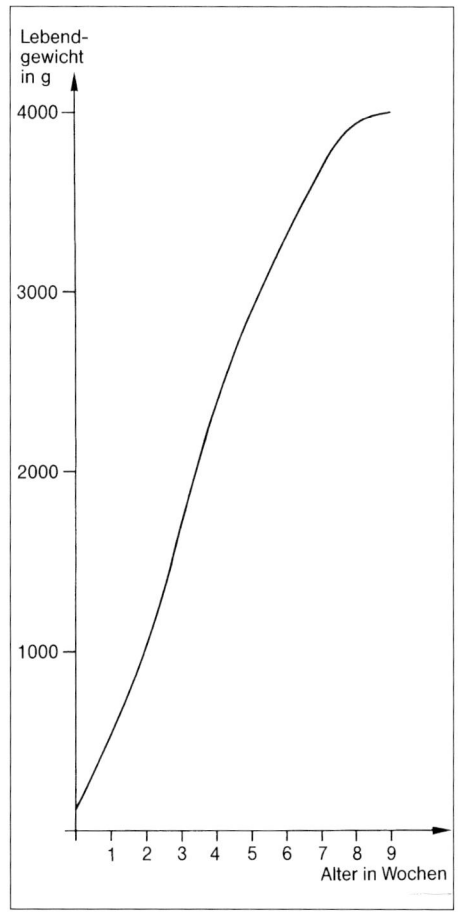

Verlauf einer Gänseschnellmast von 30 gleichaltrigen Tieren.

Tiere hungrig gehalten, aber durch kleine Gaben an das neue Futter gewöhnt werden, damit sie es bei Aufstallung zur Mast willig annehmen. Die Fütterung kann entweder durch ständiges Angebot von Trockenfertigfutter aus Automaten oder durch täglich mehrfache Gaben von wirtschaftseigenem Futter aus Trögen erfolgen, wobei es nötig ist, daß alle Gänse gleichzeitig fressen können.

Mast mit Fertigfutter ist meistens zweckmäßiger und kostensparender. Bei einer 25tägigen Spätmast und einem durchschnittlichen Futterverbrauch je Gans von etwa 400 g je Tag und einem Futterpreis von 80,– DM je 100 kg belaufen sich die täglichen Futterkosten zum Beispiel für 10 Mastgänse auf 3,20 DM. Abgesehen davon, daß das wirtschaftseigene Futter kaum die ausgewogene Qualität des Fertigfutters erreichen kann, können auch die Kosten für das eigene Futter, für die Mischung, Aufbereitung, Verabreichung und Trogreinigung mit den Preisen für das Fertigfutter nicht konkurrieren. Mast mit selbstbereitetem Futter kann nur dann lohnen, wenn gepreßtes Fertigfutter nicht erhältlich ist.

Alberti berichtet über einen Parallelversuch mit drei Gänsemastgruppen von je zehn Gänsen und einer Mastdauer von 25 Tagen im Dezember. Für die drei Gruppen wurde das in der Tabelle unten aufgeführte Futter bereitgestellt.

Das Versuchsergebnis spricht nicht für eine Hackfruchtmast. Allenfalls kann sie Rechtfertigung in der Möglichkeit finden, pro ha Hackfrucht gegenüber Getreide etwa die doppelte Menge Gänse mästen zu können.

Die früher weitverbreitete Stoppelgänsemast, wobei Magergänse auf die abgeernteten Getreidefelder getrieben und gehütet wurden, kann heutzutage nur noch sinnvoll

Fütterungsversuch mit drei Futterselbstmischungen für jeweils 10 Gänse

Gruppe I		Gruppe II		Gruppe III	
Hafer	20,0 kg	Hafer	20,0 kg	Hafer	20,0 kg
Haferschrot	38,2 kg	getrocknetes		getrocknetes	
Gerstenschrot	38,0 kg	Rübenblatt	9,0 kg	Rübenblatt	4,3 kg
Maisschrot	45,6 kg	Zuckerrüben-		Zuckerrüben-	
	141,8 kg	schnitzel	9,0 kg	schnitzel	4,3 kg
		gedämpfte		gedämpfte	
		Kartoffeln	135,0 kg	Kartoffeln	87,7 kg
			173,0 kg	Haferschrot	13,8 kg
				Gerstenschrot	13,8 kg
				Maisschrot	18,46 kg
					152,46 kg
Futteraufnahme	93,4 kg		42,9 kg		62,9 kg
Zuwachs pro Gans	1,942 kg		1,06 kg		1,25 kg

Futtermischungen für Gänse (in Prozenten)

	Starter	Aufzucht	Mast	Zucht	Erhaltungsfutter
Weizen	30	35	25	25	
Weizennachprod.			3		
Gerste	20	25		10	
Hafer	15	15		10	
Maisglutenfutter			3		
Mais	13,8	18,8	34	28,8	
Tapioka			5		
Grünmehl	5				
Melasse			2		
Fleischknochenmehl	2	3	4	6	
Fischmehl	5	3		6	
Sojaschrot	6	7	20	8	
Sojaöl			2		
Kalk	1	1		4	
Dicalcium/Phosphat	0,5	0,5	0,4	0,5	
Salz	0,5	0,5	0,4	0,5	
Vitamin/Mineralstoffmischung	1,2	1,2	1,2	1,2	
Rohprotein	16	15,6	17	18	
Kalzium	1,09	0,98	1	2,57	
Energie (UE)	2765	2788	2900	2733	

sein, wenn man nicht nach den Hütekosten fragt. Abgesehen davon setzt dieser Form der Mast der Kraftfahrzeugverkehr auf dem Lande und die dort zunehmende Unruhe zum Beispiel durch Spaziergänger mit Hunden Grenzen und ein Ende. Durch Spätmast können Gänsen noch 1–2 kg angemästet werden. Auf den ersten Blick erscheint dies nicht viel, aber dieses Gewicht kommt allein dem Fleisch- und Fettanteil der Gans zugute und verbessert dadurch entscheidend das Bild des Schlachtkörpers.

Bieten Futtermittelfabriken auch meist ausgewogene Futtermischungen an, seien trotzdem geeignete Mischungen für die verschiedenen Haltungs-Etappen angeführt, jeweils in Prozenten der Gesamtmischung (siehe Tabelle oben).

Es kann in der Mast nützlich sein, zur Bereicherung des Futterangebots neben pelletiertem Fertigfutter zur beliebigen Aufnahme noch gequetschtes oder geschrotet und gequollenes Hafer/Gerste-Gemisch zu füttern. Auch Gänse haben einen individuellen Futterbedarf, und eine angemessene Variation im Futterangebot begünstigt den Masterfolg.

Wird über vier Wochen gemästet, besteht Zuwachs häufig nur noch aus Fett, und später kommt es zu Gewichtsabnahme.

Erzeugung von Stopflebern

Ein seit den Zeiten der ägyptischen Pharaonen in vielen Ländern geübtes Verfahren ist die Gänsezwangsmast zur Erzeugung der schmackhaften Stopflebern. Schon im alten Rom wurde zur Erzeugung feinster Gänselebern eine 30 Tage dauernde Mast mit in Milch eingelegten Feigen oder eine Honig-Milchmast betrieben.

Da Gänsemäster zum Beispiel in Frankreich für solche innerhalb weniger Wochen auf Gewichte zwischen 600 und 1200 g wuchernden Gänselebern 1996 umgerechnet 150,- bis 220,- DM je Kilo im Direktverkauf erzielen (siehe Preisliste Seite 147), wird deutlich, daß allein die Leber mehr einbringt als die Gans. Hierzu werden die Tiere zwei bis dreimal am Tag mit Futter vollgestopft, bis nichts mehr in sie hineingeht. Inzwischen wird dies in rationellen technischen Verfahren betrieben, wozu hängende elektrische Futterpumpen verwendet werden. Den Tieren wird ein Bügel über den Kopf gestülpt, der Füllstutzen in den Schnabel gesteckt, so daß das Futter innerhalb von nur 10 Minuten direkt in den Kropf gepumpt werden kann; das Tier wird zum „Gerät".

Es bedarf erheblicher Erfahrung der die Zwangsmast ausübenden Personen, damit – so heißt es in einer französischen Anleitung – der Kropf des Tieres dabei nicht zerrissen wird. In dieser Anleitung wird im übrigen empfohlen, das erforderliche Gerät für die Notschlachtung bereitzuhalten, da jederzeit damit gerechnet werden müsse, daß die Tiere diese „Roßkur" nicht überleben.

Werden keine maschinellen Verfahren angewendet, erfolgt die Zwangsmast unter Verwendung von Trichtern oder speziellen handbetriebenen Stopfapparaten, so daß die erstrebte anomale Vergrößerung und Verfettung der Leber erreicht wird.

Zu Recht werden solche Methoden als Tierquälerei bezeichnet, weswegen sie in der Bundesrepublik Deutschland und einigen wenigen anderen Staaten gesetzlich verboten ist.

Vor geraumer Zeit hat sich das Europaparlament eingehend damit befaßt, sich jedoch außerstande gesehen, den Regierungen zu empfehlen, allgemein ein Verbot der Zwangsmast zu verordnen, nachdem den Abgeordneten in verschiedenen Mästereien Zweifel gekommen waren, ob die Behauptung der Tierquälerei schlüssig sei. Sie konnten sich vergewissern, daß die Gänse die Zwangsmast wie in einer Art Sucht willig an sich vornehmen ließen. Eine Reaktion, möglicherweise wie bei Menschen mit Eßsucht, welche auch unmäßige Mengen von Nahrung und hochkalorienhaltigen Getränken zu sich nehmen. Die analogen Folgen für die Menschenleber sind bekannt. Zwangsmast wird auch bei Enten angewandt; deren Stopflebern sind kleiner als die der Gänse und etwas herber im Geschmack, darum deutlich billiger (siehe Preistafel Seite 147).

Stopfmast wird in Frankreich, Israel und Ungarn massenhaft betrieben. Während die Lebern überwiegend in Frankreich konsumiert werden, gelangen die völlig verfetteten, wabbeligen Gänse dann *ohne* Leber mitunter als „Weihnachtsgänse" in deutsche Kaufhäuser und verderben so den arglosen Konsumenten die Freude an dem sonst köstlichen Gansbraten. Währenddessen werden ein Teil der Gänselebern und die daraus hergestellten Pasteten in deutschen Delikateßläden oder Feinschmeckerlokalen angeboten, denn nach der gesinnungslos scheinheiligen deutschen Gesetzgebung ist zwar strafwürdig, wer Gänse zwangsmästet, beileibe jedoch nicht der, welcher von jenseits deutscher Grenzen durch Tierquälerei erzeugte Gänseleber importiert und verkauft oder konsumiert.

Bei der Zwangsmast ist es üblich, die Tiere nach dem Stopfen zu tränken, allerdings nicht mit reinem Wasser, sondern solchem, dem pro Liter ein Teelöffel kohlensaures Salz aufgelöst beigefügt ist, was sicherlich die Verdauung fördert.

Abgesehen davon dürfte aber der hierdurch bewirkte Durst der Tiere unvorstellbar sein. Wahrscheinlich ist das der Grund, warum sie sich zum Stopfen förmlich drängen, was die Parlamentarier des Europarates so beruhigt hat.

Die Schlachtung

Schlachtung der Enten

Bei der Schnellmast wird das Schlachtdatum durch den Beginn der ersten Mauser bestimmt. Bei der saisonalen Mast dagegen kann je nach Zweckmäßigkeit und Belieben geschlachtet werden. Beste Fütterung vorausgesetzt, dauert Schnellmast bei

- Peking-Landenten (männlich und weiblich) etwa 9 Wochen
- Peking-Hybriden (männlich und weiblich) etwa 7 Wochen
- Flugenten (weiblich) etwa 10 Wochen
- Flugenten (männlich) etwa 12 Wochen.

Der richtige Zeitpunkt zur Schlachtung bei Schnellmast ist dann, wenn die Schwanz- und Flügelfedern fast ausgewachsen sind. Erfolgt die Schlachtung zu früh, wird der Fleischansatz nicht befriedigen, erfolgt sie aber auch nur einen Tag zu spät, und hat das Wachstum des neuen Gefieders schon eingesetzt, wird der gerupfte Schlachtkörper von kurzen, nicht rupfbaren „Stifteln" wie übersät und einem Igel ähnlich sein. Es bleibt dann nur, diese Hunderte von Stifteln mit der Pinzette zu entfernen oder aber auf die Haut, womöglich sogar den ganzen Braten, zu verzichten. Das aber ist alles nicht zu befürchten, wenn erst nach der ersten Mauser, also im Alter von etwa 15 Wochen geschlachtet wird, wodurch der Braten sich aber auch durch den erhöhten Futterverbrauch mit keinem oder nur geringen Zuwachs entsprechend verteuert.

Stehen größere Herden, also mehr als etwa 10 bis 20 Enten zur Schlachtung an, und ist der Mäster selbst nicht entsprechend eingerichtet, kann es zweckmäßig sein, in einer Geflügelschlachterei lohnschlachten zu lassen. Das Schlachtverfahren in modernen Geflügelgroßschlachtereien bedarf hier nicht der Schilderung; der Preis einer solchen Anlage geht in die Millionen. Der Kleinhalter kann sich aber auch ohne großen Aufwand einfach und ausreichend selbst behelfen.

Zur Schlachtung ist bereitzustellen:

- ein Holzstab zur Betäubung
- ein scharfes spitzes Messer zum

Einfangen einer Ente mit dem Fanghaken.

Klappgitter zum schonenden Einfangen von Enten und Gänsen.

Transportwagen, vielfach unterteilt, damit die Tiere sich nicht erdrücken.

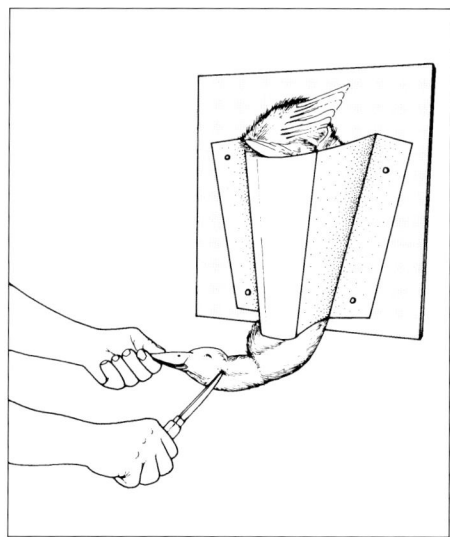

Vor der Schlachtung wird die Ente durch kurzen, kräftigen Schlag betäubt.
Im Schlachttrichter wird die Ente gestochen und die Kehle dabei durchgeschnitten, damit das Tier ausblutet.

Schlachtstich und zum Aufschneiden der Bauchhöhle
- ein einfacher Halbtrichter, bestehend aus einem Brettabschnitt und einem Stück verzinkten Blechs zur Aufnahme des betäubten Tieres (leicht herzustellen, siehe Abbildung unten).
- ein Küchenbeil zur Abtrennung des Kopfes vom Hals und des Halses vom Rumpf
- ein Gefäß zur Aufnahme des Bluts
- ein Behälter für die Federn
- ein Behälter für den Schlachtabfall
- ein Brett mit zwei kräftigen Nägeln, auf das der Schlachtkörper zum Ausnehmen gelegt, mit den Flügeln eingehängt und mit einer Schraubzwinge auf dem Arbeitstisch befestigt wird
- eine Schale zur Ablage der genießbaren Innereien
- Plastikbeutel zur Verpackung der bratfertigen Rümpfe.

Außerdem ist ein Brühkessel nötig, wenn die Tiere naß gerupft werden sollen.

Die zur Schlachtung bestimmten Enten erhalten vom Vorabend der Schlachtung an kein Futter mehr, aber Trinkwasser wie bisher, damit sie am folgenden Morgen „leer" sind. Sonst dringt während der Schlachtung Kot aus der Kloake und beim Ausnehmen unverdautes Futter aus dem Kropf in die Bauchhöhle, und die Schlachtung wird unappetitlich.

Zur Schlachtung werden die Enten schonend eingefangen und zum Schlachtplatz gebracht. Dabei ist zu beachten, daß sie nicht zu eng in die Transportbehälter gepackt werden, weil sie dort übereinanderklettern und sich gegenseitig mit den Krallen die Rücken zerkratzen, was die Schlachtkörper unansehnlich macht.

Am Schlachtort wird folgendermaßen verfahren:

Die linke Hand faßt die Ente an beiden Flügeln, die rechte betäubt sie durch einen kurzen kräftigen Schlag mit dem Holzstab auf den Kopf, wodurch auch Entspannung der Haut und dadurch leichteres Rupfen bewirkt wird. Ohne Verzug wird das Tier mit dem Kopf nach unten in den Trichter gestülpt, worauf Vorderhals, Schlagadern und Schlund mit einem scharfen schnellen Messerschnitt durchtrennt werden. Der Schnitt war richtig, wenn das Blut sogleich kräftig fließt, wobei der Kopf von Hand oder durch ein darangehängtes Gewicht gehalten wird, damit Schlenkerbewegungen und Blutverunreinigungen des Schlachtplatzes vermieden werden.

Sobald das Tier ausgeblutet ist und keine Reflexbewegungen mehr zeigt, wird es aus dem Trichter genommen und sogleich trocken von Hand mit Daumen, Zeigefinger und Mittelfinger, leicht drehend, gerupft. Die großen Schwanz- und Flügelfedern rupft man mit der ganzen Hand. Für Ungeübte ist es aber einfacher und zweckmäßig das Tier vor dem Rupfen zu brühen. Hierzu wird es an Kopf und Paddeln gefaßt, in einen Kessel mit heißem Wasser von 62 °C getaucht und drei bis vier Minuten darin hin und her bewegt, bis sich die Federn gut lösen lassen. Die Wassertemperatur ist mit einem Einweckthermometer zu kontrollieren. Damit das Brüh-

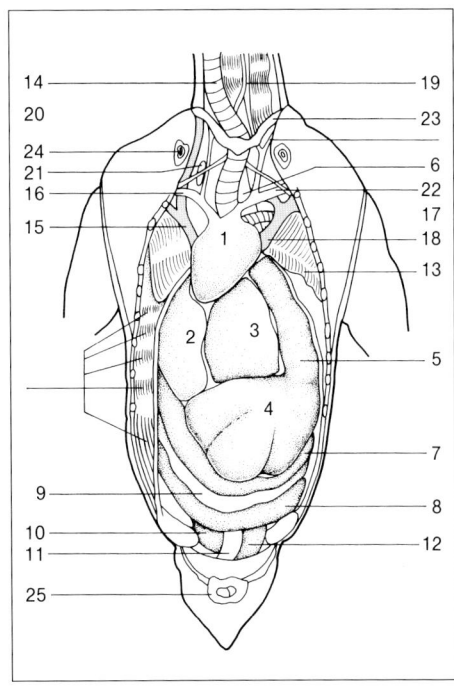

Die Organe im Entenrumpf
1. Herz
2. rechter Leberlappen
3. linker Leberlappen, dahinter Magen und Galle
4. Bauchhöhle
5. Bauchhöhlendecke
6. Schlund
7, 8 Darm
9. Bauchspeicheldrüse
10. Blinddarm
11. Grimmdarm
12. Eileiter
13. Luftsäcke
14. Luftröhre
15. Hauptschlagader
16. rechte Schlagader
17. Lungenschlagader
18. Linke Vene
19. Kopfschlagader
20. Halsvene
21. Schilddrüse
22. linke Schlagader
23. Schlüsselbein
24. Brustknochen
25. Kloake

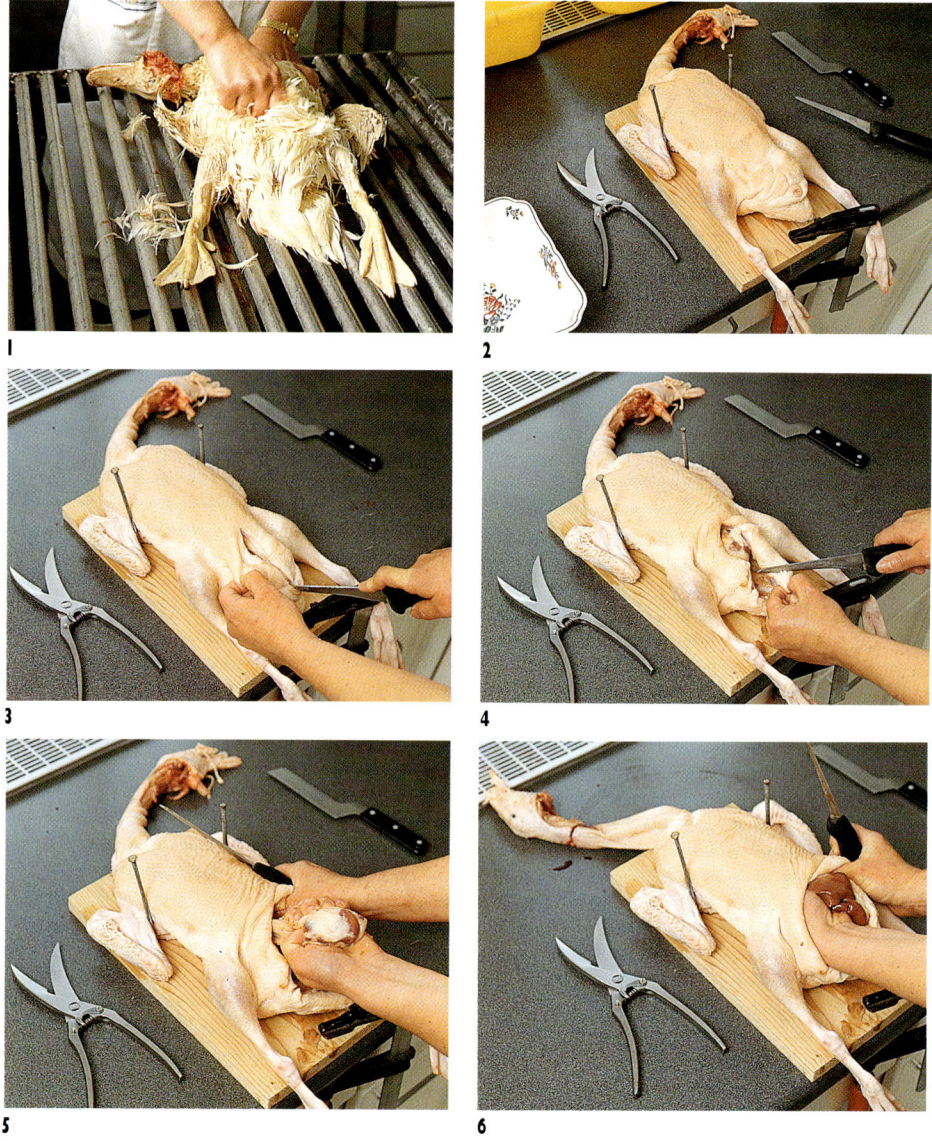

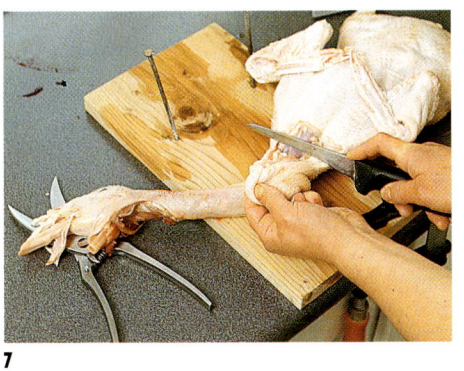
7

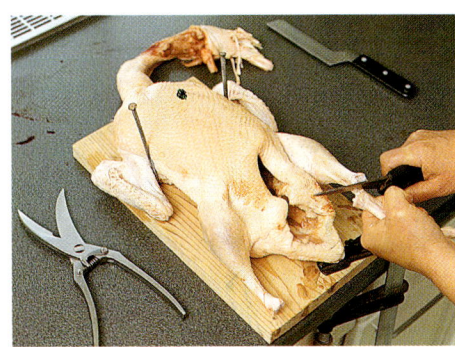
8

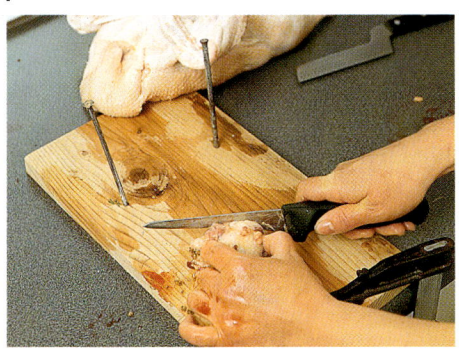
9

10

1 Naßrupfen einer in 62 °C heißem Wasser gebrühten Ente.
2 Der vorbereitete Arbeitsplatz mit der gerupften Ente, fertig zum Ausnehmen.
3 Aufschneiden der Bauchhöhle.
4 Herausheben des Darmgeschlinges und Abschneiden der Kloake.
5 Erfassen und Herausziehen des Magens und Abschneiden des Schlundes.
6 Herausnehmen von Leber, Galle und Herz.
7 Abtrennen des Halses.
8 Abtrennen der Paddel.
9 Aufschneiden des Magens.
10 Wegschneiden der Mageninnenhaut.
11 Fertig zum Verpacken in Beutel.

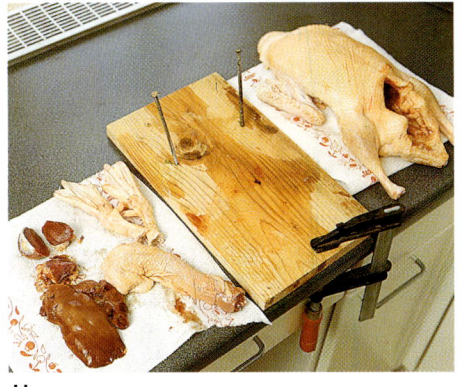
11

wasser die Federwurzeln besser erreicht, setzt man etwas Wasserentspannungsmittel zu. Bei höheren Brühtemperaturen als 62 °C besteht die Gefahr von Hautschäden durch Verbrühung, bei niedrigeren löst das Gefieder sich schlechter. Danach wird das Tier auf einen Tisch oder den Schoß gelegt und gerupft. Je nach Geschick der rupfenden Person liegt nach wenigen Minuten der naßgerupfte Schlachtkörper in seiner rosafarbenen Haut zur weiteren Verarbeitung bereit. Restliche Federchen und Daunen lassen sich mittels eines Küchenmessers, die Klinge zwischen Zeigefinger und Daumen gefaßt, entfernen bzw. über einer Gas- oder Spiritusflamme wegsengen. Die Haut reißt besonders leicht am Kropf, am Bauch und an den Keulen ein. Wenn sie an den Federwurzeln mit zwei Fingern der linken Hand festgehalten wird, und mit denen der rechten Hand jeweils nur wenige Federn gezupft werden, lassen sich Beschädigungen vermeiden.

Ohne Verzögerung wird nun ausgenommen, denn dies geht leichter, solange der Schlachtkörper noch körperwarm ist. Zunächst wird der Körper auf dem vorbereiteten Brett mit den Flügeln in die zwei Nägel eingehängt, das Messer wird auf die Bauchhöhle gesetzt und trennt sie mit einem flachen Schnitt auf. Mit der Hand wird sodann das Darmgeschlinge herausgehoben, unter Abschneidung der Kloake vom Schlachtkörper getrennt und in den bereitstehenden Abfallbehälter abgelegt. Mit der linken Hand wird nun der Magen erfaßt und herausgezogen, der daranhängende Schlund abgeschnitten. Leber, Galle und Herz werden mit nach oben gerichteter Handfläche unterfaßt, leicht angehoben und herausgelöst, die Galle wird mit der freien Hand zum Abfall weggezupft. Mit einem scharfen Küchenbeil oder Messer werden der Kopf vom Hals, der Hals vom Rumpf und die Paddel von den Keulen abgetrennt. Zur Gewinnung der genießbaren Teile des Muskelmagens wird dieser aufgeschnitten, der Inhalt entfernt und die harte, gelbe Innenwand weggeschnitten, die blaue Außenhaut abgezogen.

Die Schlachtung ist damit beendet. Der nun verwertbare Rumpf wird mit Hals, Magen, Herz und Leber in kaltem Wasser zur Säuberung und Vorkühlung gründlich gespült und zum Abtropfen auf einen Rost gelegt. Danach werden Magen, Leber, Herz und Hals in einen Frischhaltebeutel gepackt, in die Bauchhöhle eingelegt und die ganze Ente so in einen durchsichtigen, passenden Plastikbeutel gestülpt. Wurde naß gerupft, darf die Haut während der Verarbeitung nicht trocken werden, sonst wird sie bräunlich und papierartig unansehnlich.

Soll die Ente innerhalb der nächsten zwei bis drei Tage verzehrt werden, so genügt normale Verwahrung im Kühlschrank.

Ist späterer Verzehr vorgesehen, wird sie zweckmäßig mit einem Thermometer in der Bauchhöhle, vorübergehend ins Tiefkühlfach gelegt, bis eine Innentemperatur von −5 °C erreicht ist. Die Ente ist dann steif, aber nicht hart, und ihre Lagerfähigkeit im Kühlfach bedeutend verlängert. Bei einer Lagertemperatur von –2 °C halten sich frische Enten bis zu 14 Tagen. Ist der Verzehr nicht innerhalb dieser Frist beabsichtigt, ist die Ente im Tiefgefrierfach oder in der Tiefkühltruhe zu lagern, wo sie monatelang haltbar bleibt. Lagerungsversuche mit konstant –22 °C bewiesen eine Lagerfähigkeit ohne, oder mit kaum wahrnehmbarer Beeinträchtigung der Qualität von mehreren Jahren.

Das geschilderte, für Kleinstbetriebe und Haushalte allereinfachste Schlachtverfahren läßt sich verbessern und rationalisieren durch Ausrüstung mit:

- Trichterbatterie
- Brühkessel mit Thermostat
- Rupfmaschine für Naßrupf oder
- Rupfmaschine für Trockenrupf (wozu natürlich kein Brühkessel gebraucht wird)
- Wachskessel, elektrisch beheizt, in welchem spezielles Rupfwachs auf 70 °C erhitzt und dadurch flüssig wird.

Wird Rupfwachs verwendet, so werden die Enten, egal ob naß- oder trockengerupft, ein- oder zweimal kurz in das Wachs eingetaucht, wodurch beim Herausheben eine Art zweiter Haut auf den Schlachtkörpern zurückbleibt, die sogleich danach in möglichst kaltem Wasser abgeschreckt und in Stücken von dem Entenrumpf wieder abgebrochen wird, wobei die während des Rupfens nicht erfaßten Federchen und Kiele, da vom Wachs gefaßt, nun von der Haut mitabgelöst werden, so daß diese anschließend „wie Marzipan" aussieht. Das Wachs ist entzündlich, weswegen empfohlen wird, den Wachsbehälter im Wasserbad eines größeren Kessels zu erhitzen (Doppelkessel).

Rupfwachs läßt sich wiederholt verwenden und reinigen, entweder heiß und gut flüssig mittels Filterung durch ein feinmaschiges Sieb, in welchem die Federn und Verunreinigungen hängen bleiben, oder durch Aufkochen unter Zusatz von Ätznatron in Schuppen, was die im Wachs verbliebenen Fleisch-, Haut- und Federnteile zersetzt. Am Boden des Wachsbehälters sammelt sich dadurch eine hin und wieder zu entfernende Schmutzwasserbrühe. Vorbereitend wird hierzu, bevor das Wachs im Behälter erstarrt, ein bis auf den Kesselboden reichender Stab gestellt, und nach der Wachserstarrung herausgezogen. Die Schmutzbrühe kann dann abgegossen oder abgepumpt werden.

Eine verbesserte Schlachteinrichtung ist wegen der Kosten allerdings nur sinnvoll, wenn beabsichtigt ist, über einen längeren Zeitraum hinweg Enten zu schlachten.

Schlachtung der Gänse

Gänse werden wie Enten geschlachtet. Grobe Behandlung führt zu Druckstellen und Verletzungen der Haut, beeinträchtigt das Bild der fertigen Schlachtrümpfe und führt zur Abstufung in eine mindere Handelsklasse. Heftiges Flügelschlagen sollte wegen der Gefahr von Flügelknochenbrüchen verhindert werden; zu solchen

Brüchen kommt es auch in schnell rotierenden Trommelrupfmaschinen.

Das häufig sehr dichte Gefieder besonders der Spätmastgänse erschwert das Rupfen. Deswegen hat sich eine erhöhte Brühtemperatur von 70 °C bewährt; Zusatz eines Wasserentspannungsmittels ins Brühwasser begünstigt dessen Durchdringen des Gefieders bis an die Wurzeln der Federn und Daunen.

Eine frischgeschlachtete Gans soll, wenn sie nicht ohnehin eingefroren oder innerhalb von zwei Tagen gebraten oder gekocht wird, sogleich nach der Schlachtung auf eine *Innen*temperatur von −5 °C heruntergekühlt werden, so daß sie steif, aber nicht hart wird; anderenfalls fängt sie spätestens am dritten Tag an zu riechen.

Wird sie nach dem Herunterkühlen etwa bei −2 °C gelagert, bleibt sie 14 Tage gut genießbar. Der schnellen Auskühlung nach der Schlachtung ist daher besondere Aufmerksamkeit zu widmen. Eine Gansschlachtung erbrachte nebenstehendes Ausschlachtergebnis (alle Gewichte in Gramm):
Die Schlachtausbeute (nur Fleisch und genießbare Innereien) im Verhältnis zum Lebendgewicht betrug 70 %.

Auch selbstgeschlachtete Enten und Gänse sind, sofern Verkauf geplant ist, der Konkurrenz speziell eingerichteter, gewerblicher Schlachtereien ausgesetzt. Eine gut ausgemästete, appetitlich hergerichtete und ansprechend verpackte Frischware aus der näheren Umgebung des Verbrauchers wird sich gegen die Massenware aus Großschlachtereien und dem Ausland immer durchsetzen können.

Eintauchen in flüssiges Wachs nach dem Rupfen.

Lebend, nüchtern	5500 g	
Blut	140 g	
Gefieder	310 g	
Darmgeschlinge	410 g	
Magen geschlossen	209 g	(gereinigt 160 g)
Leber	108 g	
Galle	6 g	
Herz	48 g	
Paddeln	150 g	
Kopf	130 g	
Hals	290 g	
bratfertiger Rumpf	3699 g	

Abbrechen des im Kaltwasserbad erstarrten Rupfwachses.

Ansprechende, vorbildlich verpackte und vorschriftsmäßig gekennzeichnete Handelsware.

Die Vermarktung

Angebot und Nachfrage

Wer Enten und Gänse verkaufen will, braucht Kunden. Die gibt es zwar fast überall, sie wollen aber gewonnen sein. Daher sind bei Planung einer Mastproduktion auch die Absatzchancen gebührend zu bedenken.

Um dieses anfangs zweifellos schwierige Vorhaben in den Griff zu bekommen, wird nachdrücklich empfohlen, klein anzufangen und zunächst praktische Erfahrungen zu sammeln, die je nach Produktionsstandort und effektiver Absatzmöglichkeit sehr unterschiedlich sein können. Wer aber eine erstklassige Qualität anbietet, und darauf kommt es vor allem an, wird bald Kunden finden und kann zuversichtlich auf weitere Nachfrage bauen.

Jeder Produzent freilich, der verkaufen *muß,* weil ihm sonst die Ware verdirbt, ist von vornherein im kaufmännischen Hintertreffen. Der Verkaufsdruck zwingt Preise zu akzeptieren, die mitunter nicht einmal die Kosten decken. Abgesehen von haltbaren Produkten wie Getreide, ist es bekanntlich die Crux der ganzen Landwirtschaft überhaupt, daß sie ihre Erzeugnisse fast immer, weil sie sonst verderben, prompt an den Mann bringen *muß,* wodurch Staat, Händler und sonstige Käufer die Preise *diktieren* können. Darum sollte die Produktion von Enten und Gänsen zeitlich so angelegt werden, daß dann angeboten werden kann, wenn starkes Kaufinteresse zu erwarten ist. Ansonsten ist die Möglichkeit vorzusehen, die Ware bis zur Nachfrage einzufrieren. Die besten Preise werden aber für Frischware erzielt, weil Kunden in ihr bessere Qualität vermuten als in möglicherweise vernachlässigter Frostware, die unsichtbar in der Qualität gelitten haben könnte. Hier liegen die Verkaufschancen für Produzenten auch kleinerer Mengen, wobei außerdem beste Qualität der Ware und Vertrauenswürdigkeit des Lieferanten Voraussetzungen sind.

Enten und Gänse gelten als Saisongeflügel, die Nachfrage im Jahresverlauf ist unterschiedlich. Von Anfang Oktober bis Weihnachten ist sie am größten, von Mai bis September am geringsten. Sehr unberechtigt hält sich bislang noch immer die Vorstellung, daß Enten und Gänse nur Festtagsbraten sind, obwohl sie heutzutage jederzeit zu haben sind. Ein gekonnt zubereiteter Enten- oder Gänsebraten ist *immer* ein Genuß, schmeckt auch kalt vortrefflich und kostet auch nicht mehr als anderes Fleisch. Die mangelnde Kaufbereitschaft mancher Verbraucher beruht auf Vorurteilen. Das mag daran liegen, daß Hausfrauen entweder die Zubereitung nicht beherrschen, oder die Mühen des zweieinhalbstündigen Bratvorganges mit nachfolgender Reinigung des Backrohrs scheuen. Das ist aber wenig verständlich, denn die aufgewandte Mühe findet reichen Lohn an der Freude des Genusses eines solchen Bratens für alle, die daran teilhaben dürfen. Davon abgesehen sollten auch Enten- und Gänseanbieter, wie bei jeder anderen Ware üblich, aufklären und werben, wozu dieses Buch beitragen will. Daß nur 6 % des bundesrepublikanischen Geflügelkonsums auf Enten und 3 % auf Gänse entfallen, verdeutlicht, welche Marktreserven hier vorhanden sind, und von Geflügelhaltern genutzt werden könnten.

Ein Erzeuger kann seine Tiere entweder selbst schlachten oder lohnschlachten lassen, wenn sich eine Geflügelschlachterei in passender Nähe befindet. Falls er nicht selbst zu vermarkten beabsichtigt, kann er seine Lebendware auch an Geflügelschlachtereien verkaufen, sofern sie zur Abnahme bereit sind.

Voraussetzung hierfür ist Einrichtung der Schlachterei auch für Wassergeflügel und Bereitschaft, die Lebendtiere jeweils regelmäßig zum gewünschten Schlachtzeitpunkt abzunehmen. Eine solche Form der Vermarktung wird auf Dauer freilich nur bei Andienung einer gleichbleibend erstklassigen Lebendware erfolgreich sein können, abgesehen davon, daß gewinnbringende Preise nur dann zu erwarten sind, wenn auch die Schlachterei selbst ihre Absatzchancen optimistisch beurteilen kann.

Das aus Massentierhaltungen und Großschlachtereien vorwiegend des Auslands stammende, erdrückende Konkurrenzangebot, beeinträchtigt solche Erwartungen, weswegen auch bislang Versuche, Erzeugergemeinschaften zur Enten- und Gänseproduktion zu bilden, nicht erfolgreich waren.

Gesetzliche Bestimmungen

Die folgenden Ausführungen beziehen sich auf die Gesetzgebung in Deutschland und, soweit es länderübergreifende Gesetze sind, die Länder der Europäischen Gemeinschaft. Berücksichtigt wurden Gesetze und Bestimmungen mit Datum bis November 1996. Es ist nicht möglich, an dieser Stelle die Gesetze und Bestimmungen in allen Einzelheiten abzudrucken. Es wird deshalb dringend geraten, die folgenden Abschnitte nur als Hinweise zu nehmen und zu allen wichtigen Fragen die örtlichen Tierzuchtorganisationen und landwirtschaftlichen Beratungsstellen zu befragen.

Wer Enten oder Gänse nur hin und wieder selbst schlachtet und „ab Hof" verkauft, hat Konkurrenz weniger zu befürchten, unterliegt aber vor allem auch so gut wie nicht den zahlreichen gesetzlichen Auflagen und Beschränkungen in der Produktion und Vermarktung. Denn schon wer anstrebt, auf nahegelegenen Wochenmärkten oder an Einzelhandelsgeschäfte zu verkaufen, hat Gesetze und Verordnungen zu beachten, nämlich:

Das Geflügelfleischhygienegesetz vom 17. Juli 1996

Es regelt und bestimmt
- die Erlaubnis zur Haltung, Schlachtung, Verarbeitung und den Vertrieb von Schlachtgeflügel
- die erforderlichen Gesundheitsbescheinigungen durch amtliche Tierärzte
- die Mitwirkungspflichten der Inhaber von mit Schlachtgeflügel befaßten Betrieben zur Kontrolle und beim Inverkehrbringen von Schlachtgeflügel
- die Überwachung durch die zuständigen Ämter und die Ermächtigungen zum Erlassen von Vorschriften für amtliche Untersuchungen
- Aufzeichnungen und Nachweise über Mastverlauf, Erkrankungen oder sonstige für die Bewertung von Schlachtgeflügel erheblichen Vorgänge
- die hygienischen Anforderungen mit Überwachung für die Schlachtgeflügelwirtschaft.

Für landwirtschaftliche Betriebe mit sogenannter geringer Geflügelfleischproduktion, die direkt an Endverbraucher oder Einzelhandelsbetriebe abgeben, regelt dieses Gesetz
- Ausnahmen von den Untersuchungs- und Kennzeichnungsvorschriften
- wie Geflügel und Geflügelfleisch in den Verkehr gebracht werden darf
- die jährlichen Produktionsobergrenzen für diese Vertriebsform
- die hygienischen Anforderungen.

Außerdem enthält das Gesetz Vorschriften für alle Schlachtgeflügeleinfuhren, Gebühren- sowie Straf- und Bußgeldbestimmungen

Vermarktungsnormen für Geflügelfleisch

Verordnung (EWG) Nr. 1906/90 vom 26. Juni 1990

Dazu gehören einige Zusatzverordnungen.

In Artikel 2 wird folgendes festgelegt:
- Geflügelfleisch muß zum Genuß für Menschen geeignet sein und darf mit Ausnahme von Kältebehandlung keiner auf seine Haltbarkeit einwirkenden Behandlung unterworfen werden
- „Schlachtkörper" ist der ganze Körper eines Schlachtgeflügels nach Entbluten, Rupfen und Ausnehmen, wobei Entfernen von Herz, Leber, Lunge, Magen, Kropf und Nieren, sowie Abtrennen der Beine in Höhe des Tarsalgelenks (Fußgelenks) und des Kopfes freigestellt sind. Der Schlachtkörper kann mit oder ohne Innereien (Herz, Leber, Magen, Hals), die im Schlachtkörper aufbewahrt wurden, zum Verkauf angeboten werden.
- „Teilstücke" sind Geflügelfleisch, das nach Größe und Muskulatur nachweislich einem bestimmten Schlachtkörperteil zugeordnet werden kann.
- „Frisches Geflügelfleisch" darf nicht durch Kälteeinwirkung erstarrt sein und muß ständig auf einer Temperatur von −2 bis + 4 °C gehalten werden.
- „Gefrorenes Geflügelfleisch" muß so schnell wie möglich im Rahmen der normalen Schlachtverfaren gefroren und ständig auf einer Temperatur von mindestens −12 °C gehalten werden, wobei jedoch bestimmte Toleranzen (EWG-Verordnung 2777/75) zugelassen werden können.
- „Tiefgefrorenes Geflügelfleisch" muß ständig auf einer Temperatur von mindestens −18 °C gehalten werden.

Handelsklassen und Verkehrsbezeichnungen

Artikel 5 der EWG-Verordnung Nr. 1906/90 (siehe oben) und Artikel 6 der EWG-Verordnung Nr. 1538/91 vom 5. Juni 1991 schreiben Einstufung, Aufmachung und Etikettierung vor, nämlich:

Geflügelfleisch wird in die Handelsklassen A oder B eingestuft. Hierzu muß es den folgenden Mindestanforderungen genügen und somit beschaffen sein:

- ganz, unter Berücksichtigung der Herrichtungsform,
- sauber, frei von sichtbaren Fremdstoffen, Schmutz und Blut,
- frei von Fremdgeruch,
- frei von sichtbaren Blutspuren, es sei denn klein und unauffällig,
- frei von herausragenden, gebrochenen Knochen und von starken Quetschungen.

Zudem darf frisches Geflügelfleisch keine Anzeichen früheren Einfrierens aufweisen. (Bei Enten und Gänsen kenntlich durch rötliche Verfärbung der Schnittstellen abgetrennter Paddel).

Handelsklasse A.
Um in die Handelsklasse A eingestuft zu werden, müssen die Geflügelschlachtkör-

per und -teilstücke den folgenden Anforderungen genügen:
- Fleischfülle, die Brust gut entwickelt, breit, lang und vollfleischig. Brust, Rücken und Schenkel von Frühmastenten und Jungenten sind mit einer dünnen, gleichmäßigen Fettschicht überzogen; bei Frühmastgänsen oder jungen Gänsen und über ein Jahr alten Enten oder Gänsen ist eine dickere Fettschicht zulässig.
- Am Schlachtkörper können einige kleine Federn, Federenden und Haarfedern vorhanden sein.
- Leichte Beschädigungen, Quetschungen und Verfärbungen sind zulässig, sofern klein, unauffällig und nicht an Brust oder Schenkeln.
- Geflügelschlachtkörper, welche die Anforderungen der Handelsklasse A nicht erfüllen, sind in Handelsklasse B einzustufen.

Enten und Gänse müssen als geschlachtete Handelsware zufolge EWG-Richtlinie 79/112 vom 18. Dez. 1978 und EWG-Verordnung 2891/93 vom 21. Okt.1993 vorschriftsmäßig etikettiert sein.
Die Etikettierung muß enthalten:
- Die Verkehrsbezeichnung des Geflügels, nämlich
- Frühmastente (mit biegsamem Brustbeinfortsatz, vor der ersten Mauser geschlachtet).
- Jungente (mit biegsamem Brustbeinfortsatz, jünger als 1 Jahr).
- Junge Barbarieente (mit biegsamem Brustbeinfortsatz, jünger als 12 Wochen; die Bezeichnung „Flugente" war nur bis 31. 12. 95 zulässig).
- Junge Mulardente (Kreuzung Peking/ Barbarieente, mit biegsamem Brustbeinfortsatz).
- Ente (mit verknöchertem Brustbeinfortsatz).
- Barbarieente (mit verknöchertem Brustbeinfortsatz).
- Mulardente (mit verknöchertem Brustbeinfortsatz).
- Frühmastgans (vor der ersten Mauser geschlachtet).
- Junge Gans (mit noch biegsamem Brustbeinfortsatz).
- Gans (mit verknöchertem Brustbeinfortsatz).
- Die Handelsklasse, also A oder B
- Den Angebotszustand, also frisch gefroren oder tiefgefroren.
- Die Haltbarkeitsangabe, zum Beispiel „Bei mindestens –18 °C haltbar bis ... (Monat und Jahr).
- Das Nettogewicht in Gramm oder die Gewichtsgruppe
- Den Einzelhandelsverkaufspreis je kg und als Stück
- Den Namen des Herstellers oder der Herstellerfirma
- Die Angabe der Herkunft
- Die Gebrauchsanleitung für die Ware, zum Beispiel Zubereitungsrezept
- Die Anweisung zur Aufbewahrung
- Die Herrichtungsform, nämlich
  - teilweise ausgenommen, also ohne Darmgeschlinge, jedoch mit Herz, Leber, Lungen, Muskelmagen, Kropf und Nieren.

- bratfertig oder mit Innereien,
- grillfertig oder ohne Innereien. Diese sind ausschließlich Herz, Hals, Muskelmagen gereinigt ohne innere Haut, Leber ohne Gallenblase. Fehlt eine der Innereien, zum Beispiel die Leber, so ist das auf der Etikettierung anzugeben.

Zulässig, jedoch nicht vorgeschrieben, sind Angaben über die Haltung des Geflügels, nämlich:

- Extensive Bodenhaltung, wenn die Besatzdichte je m² Bodenfläche bei Enten 25 kg Lebendgewicht, Gänsen 15 kg Lebendgewicht nicht überschreitet, und Pekingenten frühestens mit 49 Tagen, weibliche Barbarieenten frühestens mit 77 Tagen bzw. männliche mit 84 Tagen und Gänse frühestens mit 16 Wochen geschlachtet werden.
- Auslaufhaltung, wenn die Besatzdichte im Stall der vorgenannten „Extensiven Bodenhaltung" entspricht, die Tiere während zumindest der Hälfte ihrer Lebenszeit bei Tag ständig Zugang zu vorwiegend begrünten Auslaufflächen hatten mit 2 m² pro Ente oder 4 m² pro Gans und das während der Schlußmast verabreichte Futter mindestens 70 % Getreide enthält.
- Bäuerliche Auslaufhaltung, wenn die Besatzdichte je m² Stallfläche bei Barbarieenten 8 männliche Tiere mit maximal 28 kg Lebendgewicht und 10 weibliche Tiere mit maximal 20 kg Lebendgewicht, und bei Gänsen 3 Tiere in der Endmast (bis zu 7 Wochen 10 Tiere) und maximals 15 kg Lebendgewicht nicht überschreiten.
- Bäuerliche Freilandhaltung, entsprechend den Vorgaben für „Bäuerliche Auslaufhaltung", mit jedoch bei Tage flächenmäßig unbegrenztem Auslauf.

Außerdem ist bei der Etikettierung zulässig:

- Gefüttert mit .... % jeweiliges Getreide, wobei dieser Getreideanteil mindestens 70% betragen muß.
- Das Kühlverfahren bei der Schlachtung, nämlich
- Luftkühlung im Kaltluftstrom ohne Wasserzusatz
- Luft-Sprüh-Kühlung im Kaltluftstrom mit Wassernebel
- Gegenstrom-Tauchkühlung in Behältern mit Wasser oder Eiswasser im Gegenstromverfahren.

Die Verpackung der Geflügelschlachtkörper, die an Endverbraucher abgegeben werden, muß im übrigen so beschaffen sein, daß der Inhalt nicht verändert werden kann ohne daß die Verpackung geöffnet werden muß oder eine Veränderung erfährt.

Größeren Schlachtbetrieben sind umfassende Aufzeichnungen vorgeschrieben, siehe „Verordnung des Bundesministers für ELF über Normen für Geflügelfleisch vom 23. Dez. 1995".

Die Geflügelfleischausnahmeverordnung vom 19.7.1976

Damit werden diejenigen Geflügelhalter von den strengen und umfassenden Vorschriften des Geflügelfleischhygienegesetzes befreit, die jährlich nicht mehr als 2500 Gänse bzw. Puten oder 10 000 Stück Jungmastgeflügel halten, wobei ihnen gestattet ist, jährlich eine Höchstmenge von 6000 kg frischem Geflügelfleisch auf Wochenmärkten, die nicht weiter als 50 km vom Betrieb des Halters entfernt sein dürfen, oder unmittelbar an ein einzelnes Einzelhandelsgeschäft zu verkaufen. Solches Geflügel muß aus einem eigenen Betrieb stammen, hygienisch einwandfrei gehalten und längstens 4 Tage vor Abgabe an Verbraucher gewonnen sein und darf nur (ausgenommen Puten) in ganzen, unzerteilten Tierkörpern angeboten werden.

Auch muß das Geflügelfleisch unmittelbar nach der Schlachtung auf eine Kerntemperatur von 4 °C heruntergekühlt und bis zur Abgabe in dieser Temperatur gehalten werden, und darf weder gefroren, noch gefroren und wieder aufgetaut werden.

Schließlich muß das Schlachtgeflügel bei Abgabe an ein Einzelhandelsgeschäft von einer durchsichtigen und farblosen Schutzhülle umschlossen und die Einzelpackung in der Weise gekennzeichnet sein, daß die zeitliche Herkunft des frischen Geflügelfleisches bis zur Abgabe an den Verbraucher leicht feststellbar ist.

Für diese, gegenüber dem Geflügelfleisch-Hygienegesetz erheblich erleichterte Gewinnung mit erleichtertem Verkauf frischen Geflügelfleisches ist allerdings eine jährlich mindestens zweimalige Kontrolle des Betriebes durch einen amtlichen Tierarzt und eine von diesem ausgestellte Bescheinigung hierüber Vorbedingung. Außerdem hat der Erzeuger Aufzeichnungen über Gewicht, Geflügelart, Tag der Schlachtung und Abgabe unter Angabe des Wochenmarktes oder des belieferten Einzelhandelsgeschäfts zu machen, bei der Lieferung mitzuführen und drei Jahre lang aufzubewahren.

Zu dieser Geflügelfleischausnahmeverordnung steht eine umfassende Neuregelung bevor. Danach soll künftig unterschieden werden:

a) Erzeugerbetrieb mit geringer Produktion von Schlachtgeflügel: Betrieb mit einer Jahresproduktion an Schlachtgeflügel von 20 000 Hähnchen oder 10 000 Perlhühnern oder Enten oder 10 000 Puten oder Gänsen; bei Haltung mehrerer Arten darf die Jahresproduktion insgesamt aber nicht mehr als 20 000 Tiere betragen.

b) Landwirtschaftlicher Betrieb mit geringer Produktion von Geflügelfleisch: Betrieb mit einer Haltung von jährlich nicht mehr als 2500 Puten oder Gänsen oder jährlich nicht mehr als 10 000 Stück Geflügel oder anderen im Geflügelfleischhygienegesetz genannten Geflügelarten (zum Beispiel Enten). Bei der Haltung mehrerer Arten darf die Jahresproduktion insgesamt aber nicht mehr als 10 000 Stück Geflügel betragen.

c) Betrieb mit geringer Kapazität, in dem
- jährlich nicht mehr als 150 000 Stück Geflügel und dabei stündlich nicht mehr als 500 Tiere, bei Enten, Gänsen und Puten nicht mehr als 100 Tiere geschlachtet werden, oder
- wöchentlich nicht mehr als 3 t frisches Geflügelfleisch zerlegt wird und der nicht in einen zugelassenen Schlachtbetrieb integriert ist, oder
- wöchentlich nicht mehr als 7,5 t Erzeugnisse oder Zubereitungen aus Fleisch oder Geflügelfleisch oder im Fall der Herstellung von Gänseleberpastete (foie gras) nicht mehr als 1 t dieses Endprodukts hergestellt werden.

Hinweis: Es ist beabsichtigt, dies als Referentenentwurf des zuständigen Ministeriums Anfang 1997 vorzulegen. Er bedarf dann der Beratung mit den zuständigen obersten Landesbehörden und der betroffenen Wirtschaft und unterliegt der Zustimmung des Bundesrats.

Das Immissionsschutzgesetz vom 15.3.1974

Danach sind u.a. Anlagen mit mehr als 14 000 Mastgeflügelplätzen, also zum Beispiel bei jährlich fünfmaligem Umtrieb 70 000 Tieren im Jahr, genehmigungspflichtig. Alle Haltungen, also auch kleine, müssen nach dem Stand der Technik vermeidbare, schädliche Umwelteinwirkungen verhindern oder auf ein Mindestmaß beschränken und die entstehenden Abfälle ordnungsgemäß beseitigen.

Das Abfallbeseitigungsgesetz vom 27.8.1986

Danach sind Abfälle so zu beseitigen, daß Beeinträchtigungen für das Wohl von Mensch, Tier und Nutzpflanze, von Gewässern, Boden und Natur überhaupt, vermieden werden. Hierzu gehört auch die Aufbringung von Klärschlamm, Fäkalien, Abwasser und Jauche; Gülle und Stallmist jedoch nur insoweit, als das übliche Maß an landwirtschaftlicher Düngung überschritten wird. Auch Luftverunreinigungen fallen unter dieses Gesetz.

Das Tierschutzgesetz vom 18.8.1986

Danach ist Tieren artgemäße Nahrung, Pflege und Unterbringung zu gewähren, wobei das artgemäße Bewegungsbedürfnis nicht so beschränkt werden darf, daß dem Tier vermeidbare Schmerzen, Leiden oder Schäden zugefügt werden. Getötet werden dürfen Tiere nur unter Betäubung und nur von Personen mit den hierzu notwendigen Kenntnissen und Fähigkeiten.

Nähere Auskünfte zu diesen Gesetzen erteilen die Lebensmittelüberwachungsabteilungen der zuständigen Landratsämter.

Es wird nicht verkannt, daß die Erwähnung dieser umfangreichen gesetzlichen Regelungen Pläne für Enten- und Gänsehaltungen nicht gerade beflügelt, sie ist jedoch zur Vervollständigung des Buchthemas unerläßlich. Heutzutage muß in unseren engen und übervölkerten Gegenden eine Vielfalt von Gesetzen auf allen Gebieten hingenommen werden, abgesehen davon, daß ein verantwortungsbewußter Mitbürger seine Tierhaltung auch ohne Gesetze kaum anders gestalten würde, damit sie sich für die Allgemeinheit und die Tiere nicht nachteilig auswirkt.

In diesem Zusammenhang sei auch auf die Steuergesetze hingewiesen, die hohe, aber vermeidbare Steuern zur Folge haben können, wenn der Geflügelhalter Mengen produziert, welche die als landwirtschaftliche Erzeugung zugelassenen, sogenannten Großvieheinheiten (GVE) überschreiten, wodurch der Betrieb steuerlich als Gewerbe eingestuft wird, womit dann allerdings eine Beschränkung der Tierhaltung seitens der Finanzbehörde entfällt. Wer über ein zur Landwirtschaft zu rechnendes Grundstück verfügt, kann nach dem Bewertungsgesetz als Landwirt halten:

- Auf den ersten 20 ha bis zu 10 GVE pro ha
- auf den nächsten 10 ha bis zu 7 GVE pro ha
- auf den weiteren 10 ha bis zu 3 GVE pro ha, und
- auf der 40 ha übersteigenden landwirtschaftlichen Nutzfläche 1,5 GVE pro ha.

25 Zuchtenten oder Zuchtgänse sind, unabhängig vom Geschlecht, eine Großvieheinheit, und 300 Mastenten oder 149 Mastgänse sind ebenfalls jeweils eine GVE. Sofern ein Tierhalter nicht bereits andere Tiere, zum Beispiel Großvieh, hält, die sämtlich auf die Großvieheinheiten angerechnet werden, kann er also auf einem ha landwirtschaftlicher Fläche bis zu 3000 Mastenten oder 1490 Mastgänse pro Jahr erzeugen. Erzeugt er auch nur geringfügig mehr und sei es auch eine noch so kleine Menge, wird er vom Finanzamt gnadenlos zum Gewerbebetrieb mit der entsprechenden hohen Steuerbelastung eingestuft. Es ist daher zweckmäßig, die Obergrenzen landwirschaftlicher Tierhaltung nicht auszuschöpfen, sondern jeweils deutlich darunter zu bleiben. Die Berücksichtigung der Zuchttiere erfolgt entsprechend deren Bestand im Jahresdurchschnitt.

Wie bereits gesagt, entgeht fast allen Vorschriften und Behördenärgernissen, wer sich auf die Erzeugung für den eigenen Haushalt und für Abnehmer der örtlichen Umgebung beschränkt, so daß seine Verkäufe unter den Begriff „ab Hof" oder „Direktvermarktung" fallen. Überdies wird solche frische Ware durch Wegfall aller Händlerkosten die rentabelsten Erlöse erzielen, denn es kommt nicht darauf an, möglichst viele Tiere zu produzieren, sondern so zu verkaufen, daß pro Tier möglichst viel „hängen bleibt". Eine Tiefkühltruhe wird sicherstellen, daß stets Ware vorhanden ist. Gelegentliche kleine Anzeigen in der Lokalpresse helfen, Kunden zu gewinnen, die gern wiederkommen, wenn der Kauf zu ihrer Zufriedenheit ausgefallen ist. Schließlich wird das freundliche Echo der Kundschaft auf die gute Ware wie auch die Ersparnis mancher teuren Ausgabe im Metzgerladen zusätzlicher Lohn für alle vorherigen Mühen sein.

Rezepte für Enten- und Gänsegerichte

Gutes Essen macht bekanntlich friedfertig, eine Erkenntnis, die den Spötter Oscar Wilde zu der Bemerkung veranlaßte, man könne nach einer guten Mahlzeit allen Menschen und sogar den eigenen Verwandten vergeben. Und erst recht finden alle Mühen der Haltung und Mast reichen Lohn beim Genuß der Speisen, die sich aus Enten und Gänsen machen lassen.

Entenrezepte

Aus Enten lassen sich sowohl einfache Tagesgerichte bereiten, wie auch Kochkünste in höchster Vollendung zelebrieren. Wer wäre hier erfahrener und zuständiger als die in der Kochkunst unerreichten Franzosen. Viele französische Entenhalter vermarkten darum ihre selbstgewonnenen Entenerzeugnisse schon fertig zubereitet und haltbar eingedost ab Hof oder aus Verkaufsständen an der Straße. Gefrorenes Geflügel ist in Frankreich wenig populär, der Verkauf von sogenannten Confits (Konserven) jedoch sehr verbreitet. Der meist flotte Absatz zeigt, welcher Hochschätzung sich Enten in diesem Feinschmeckerland erfreuen.

Bei einem bäuerlichen Mäster mit kleiner Produktion im Périgord, einer Hochburg französischer Enten- und Gänsehaltung, wird in der eigenen Küche hergestellt und in verschiedenen Mengen entsprechend den Käuferwünschen in Konservendosen abgepackt, zu etwa folgenden Preisen ab Hof angeboten, verkauft und auch versandt:

Gänsestopfleber im Stück,
gepfeffert, gesalzen,
tafelfertig   100 g 22,— DM

Gänsestopfleber im Block,
gepfeffert, gesalzen,
tafelfertig   100 g 21,— DM

Entenstopfleber im Stück,
gepfeffert, gesalzen,
tafelfertig   100 g 16,50 DM

Entenstopfleber im Block,
gepfeffert, gesalzen,
tafelfertig   100 g 15,30 DM

Gänsebruststück,
eingedost   450 g 20,— DM

Halbe Ente, eingedost   520 g 22,— DM

Enten- oder Gänsemägen,
gepfeffert, gesalzen   260 g 13,— DM

Entenleberpastete,
halb Entenstopfleber,
halb Schweinefleisch
gepfeffert, gesalzen   190 g 17,— DM

Entenpastete, 40 % Ente,
60 % Schwein,
gepfeffert, gesalzen   260 g 10,— DM

Enten- oder Gänseschmalz,
gepfeffert, gesalzen   630 g 8,50 DM

Die Entenerzeugnisse stammen ausschließlich von Flugenten, in Frankreich Barbarie-Enten genannt, oder den sogenannten Mulards, einer speziellen Kreuzung von Flugenten mit Pekingenten.

Es erstaunt, daß die hochdelikaten Enten, zumal sie so leicht zu erzeugen und zuzubereiten sind, hierzulande nicht in größeren Mengen konsumiert werden. Nicht selten begegnet man heutzutage Mißtrauen in die Qualität der Lebensmittel, in denen Rückstände und sogar giftähnliche Substanzen vermutet werden. Aber darüber braucht nicht in Sorge zu sein, wer seine Lebensmittel selbst erzeugt, abgesehen von der Genugtuung, die der Genuß selbstproduzierter Nahrung mit sich bringt. Ein trefflich zubereiteter Entenbraten ist nun einmal die Krone aller Küchenkunst und höchste Gaumenfreude derer, die ihn verzehren dürfen. Freilich versteht sich, daß ein solches Kunstwerk mehr Zeit und Aufwand erfordert, als ein schnell zubereitetes Schnitzel oder ein gekochter Fisch, die Belohnung durch die Freude und Dankbarkeit der Tafelrunde ist aber allen Aufwand wert.

So wie in den Küstengebieten Norwegens, Islands, Grönlands, und Kanadas Meerestiere, und zwar vor allem Fische, Hauptnahrungsmittel sind, woraus dort eine Vielzahl köstlicher Mahlzeiten bereitet werden, lassen sich auch aus Enten viele herrliche Gerichte auf den Tisch bringen. Die Möglichkeiten hierzu gehen in die Hunderte, und wer sich ihnen zuwendet, wird bald erkennen, welche kulinarischen Genüsse er sich bislang hat entgehen lassen. Überdies sei man sich bewußt, daß das junge, zarte, leicht verdauliche Entenfleisch viel weniger Fett und Kalorien enthält (243 Kcal/100 g) und mehr Vitamine B_1 und B_2 als allgemein vermutet. Kein Geflügel hat hiervon mehr (CMA 1991).

Kein Wunder, daß sich zum Beispiel ein kluger Gastronom in München auf Entengerichte spezialisierte und seither immer ein volles Haus hat. In Celle nennt ein Hotel sein berühmtes Restaurant den „Endtenfang", woselbst die verschiedensten delikaten Entengerichte zu entsprechenden Preisen serviert werden.

Der weltberühmte Pariser Speisetempel LA TOUR D'ARGENT, im gastronomischen Führer Michelin als Restaurant von allerhöchstem und unübertroffenem Rang eingestuft, bietet als Spezialität des Hauses seine „Canetons La Tour d'Argent" an, wozu das Rezept allerstrengstens gehütet wird. Diese Spezialität ist so berühmt, begehrt und jeweils einmalig, daß sie den Gästen nicht einfach serviert, sondern mit einer fast kultischen Handlung unter einer einmaligen Numerierung sozusagen „verliehen" wird, was für den Gast eine Art öffentliche Auszeichnung bedeutet. Solche Entengenießer mit Numerierung waren unter vielen anderen auch der russische Großfürst Wladimir und König Alfons von Spanien, Pierpont Morgan und Franklin D. Roosevelt, der Herzog von Windsor, Königin Elisabeth II. von England und Prinz Philipp auf Hochzeitsreise – und in aller geziemenden Bescheidenheit der Verfasser dieses Buches.

Um an Entengenüssen teilzuhaben, bedarf es nur einigen Interesses an der unschwer zu erlernenden Kunst der Zubereitung. Zu den Gerichten gehören gebratene und gekochte Enten, Suppen, Pasteten, Ragout und Restegerichte.

Wird in eine Ente oder Gans eine Füllung gegeben, was die Köstlichkeit des Bratens meistens erhöht, so ist die Bauchhöhle danach zu verschließen, damit die Füllung nicht herausdringen kann. Bewährt ist es, die Bauchhöhle mit Zahnstochern oder hölzernen Fleischspießchen zusammenzustecken und sie dann mit einem Faden, zum Beispiel von Rouladengarn, ähnlich wie einen Schuh zuzuschnüren. Sind keine Hölzchen zur Hand, bindet man die Schenkel an ihrem untersten Gelenk zusammen, führt den Faden um den Bürzel und Rumpf herum und verknotet ihn erneut in den Schenkelgelenken.

Wer das Pech hat, einen alten, zähen Vogel braten zu müssen, reibt ihn vor dem Braten mit etwas Natron ein und läßt ihn so zwei Stunden stehen. Falls gekocht oder gedünstet werden soll, eine Messerspitze Natron in das Brühwasser geben. In Lebensmittelgeschäften sind gelegentlich auch sogenannte Fleischweichmacher erhältlich.

Einige Rezepte aus vielen sind nachstehend aufgeführt; sie sind vielfach praktisch erprobt und bewährt; wer sich ihnen als Profi oder Amateur zuwendet, wird durch die Anerkennung seiner Tischgenossen und die Freude an der eigenen Leistung reich entlohnt werden.

Ente nach Hausfrauenart
konservativ und altüberliefert

Die Ente wird gewaschen und hygienisch abgetrocknet, innen und außen kräftig mit Salz und Pfeffer eingerieben. Sofern gewünscht, (und sehr empfohlen) wird eine Füllung eingelegt und die Bauchhöhle zugenäht oder zugesteckt. Nun schiebt man sie in einem gedeckten Bräter auf den Rost in das vorgewärmte Bratrohr und brät bei starker Hitze von 250 °C 45 Minuten an und bei mittlerer Hitze von 200 °C weiter. Gesamtbratzeit ist, je nach Größe des Bratens, etwa zwei bis zweieinhalb Stunden. Dabei wird unter Zugabe von $1/4$ l kochendem Wasser mit dem herausbratenden Fett die Ente wiederholt übergossen, damit das Fleisch nicht austrocknet. Während der letzten 10 bis 15 Minuten die Ente mehrmals mit kaltem Salzwasser bespritzen und bei offenem Bräter zum Knusprigbräunen nochmals starke Hitze geben. Aus dem Bratensatz wird mit angerührtem Mehl, saurer Sahne oder Dosenmilch und einem Schuß Orangen- oder Ananassaft, auch mit Cognac oder Weißwein, die Soße bereitet. Zusatzgewürze wie Sellerieblätter, Zwiebelscheiben, Salbei, Lorbeer, Thymian, Majoran und Paprika je nach Geschmack.

Ente à L'Orange
ein klassisches Rezept

Hierfür werden bereitgestellt: 1 junge Ente, 2 Eßlöffel Olivenöl, 2 ungespritzte Orangen, 2 Äpfel, Saft einer Orange, $1/4$ l trockener Weißwein, 20 g Speisestärke, 1 kleine Dose Mandarinenspalten, 0,2 l Schlagsahne, 100 g Haselnüsse, 2 Eßlöffel Meerrettich und evtl. glasierte Orangenscheiben, Salz, Pfeffer, 1 Teelöffel Thymian, 1 Lorbeerblatt, Petersilie.

Die Ente wird gewaschen und hygienisch abgetrocknet, innen und außen mit Salz, Pfeffer und Thymian eingerieben und rundum mit Olivenöl bestrichen. Die Füllung wird aus Apfel- und Orangenscheiben, Lorbeerblatt und Petersilie bereitet, in die Bauchhöhle eingefüllt, welche alsdann zugesteckt oder zugenäht wird. Hierauf wird die Ente, Brust nach oben, in eine Kasserolle gelegt, in das vorgeheizte Backrohr eingeschoben und 30 Minuten bei 250 °C (Gasstellung 5) angebraten und dann 2 Stunden bei 225 °C (Gas $3^1/_2$ bis $4^1/_2$) weitergebraten. Nach der halben Bratzeit wird die Ente mit $^1/_8$ l Weißwein und bis zum Ende noch drei- bis viermal mit dem Bratensaft begossen. Die Haut ist dann braun und knusprig, beim Berühren mit einer Gabel sollte ein leichtes „Krachen" zu hören sein. Zur Zubereitung der Soße wird das Entenfett abgesondert, und der Bratfond wird mit dem restlichen Achtelliter Weißwein und dem Orangensaft aufgegossen. Nun werden hauchdünn geschnittene Orangenschalen und die kalt angerührte Speisestärke hinzugegeben. Garniert wird die Ente mit Mandarinenspalten oder glasierten Orangenscheiben; mit einem Teil der Soße übergossen, sieht sie aus wie glasiert. Der Soßenrest wird extra serviert. Sehr passende Beilagen sind mit etwas Meerrettich verschlagene Schlagsahne und in Butter geröstete Haselnußkerne, deren Schale danach mit einem Tuch abzureiben ist.

Gefüllte Ente in Bratfolie

Ein sehr praktisches und leicht zu befolgendes Rezept, das oft und gern angewandt wird, weil bei dieser immer beliebteren Bratmethode das Entenfleisch besonders saftig bleibt. Überdies entfällt die umständliche Reinigung des Bratrohrs und der Kasserolle.

Bereitzustellen sind: eine junge Ente, Salz, Pfeffer und Speiseöl; für die Füllung 20 g Butter, 1 kleine Zwiebel, 75 g gekochter Schinken, 4 Eßlöffel Semmelbrösel, 2 Eier, 2 Eßlöffel Sahne, 1 Teelöffel Majoran und Petersilie sowie die Bratfolie, erhältlich im Lebensmittelgeschäft.

Die Ente wird gewaschen, abgetrocknet und innen und außen gründlich mit Salz und Pfeffer eingerieben. Zur Bereitung der Füllung wird der Schinken sehr fein gehackt oder durch den Fleischwolf gedreht, die Zwiebeln werden fein geschnitten und in der Butter hellgelb gedünstet vom Herd genommen. Schinken, Semmelbrösel, rohe Eier und Sahne werden hinzugegeben, mit gehackter Petersilie, Majoran, Salz und Pfeffer wird gewürzt, das Ganze wird gut gemischt in die Bauchhöhle eingefüllt, die dann zugesteckt oder zugenäht wird. Nun wird die Ente, deren Flügel zuvor entschränkt werden, in eine Bratfolie gewickelt oder in den Folienschlauch geschoben wobei durch Zubinden sicherzustellen ist, daß keinesfalls

Fett aus der Folie austreten kann. Damit die Folie sich nicht bläht und womöglich zerplatzt, ist sie an ihrer Oberseite mindestens zweimal mit einer Nadel einzustechen. Nun wird die Ente auf einem Blech- oder Grillrost im vorgeheizten Bratrohr etwa 15 Minuten bei 250 °C, Gasstellung 5, scharf angebraten und dann etwa 2 Stunden bei 200 °C fertiggegart. Dann wird die Folie oben durch Längsschnitt mit zwei Querschnitten geöffnet und aufgeklappt, das ausgebratene Fett wird abgelassen, die Ente noch einmal etwa 10 Minuten bei oben geöffneter Folie und scharfer Hitze knusprig gebräunt. Der Bratfond wird mit Wasser oder Brühe aufgegossen, mit Salz und Pfeffer abgeschmeckt, mit etwas Speisestärke gebunden und als Soße gereicht. Das Entenfett läßt man unter Zumischung von etwa 15 % Schweineschmalz zur Verwendung als Brotaufstrich erkalten oder nimmt es als Bratfett für Fleisch-, Gemüsegerichte und Bratkartoffeln. Achtung: Bei Verwendung einer Aluminiumfolie muß die Garzeit um etwa 1 Stunde verlängert werden.

Gepökelte Ente

Dieses Rezept eignet sich vor allem zur Verwertung von gelegentlich im Handel als Koch- oder Ragout-Enten erhältlichen, über ein Jahr alten Enten.

An Zutaten werden benötigt: 250 g Schnellpökelsalz, Wurzelwerk (1 Möhre, 1/4 Knolle Sellerie, 1/2 Stange Lauch, evtl. 1 Petersilienwurzel), 1 Zwiebel und 2 l Wasser.

Die Ente wird gewaschen und abgetrocknet. Das Schnellpökelsatz wird in einem Steintopf in Wasser aufgelöst, die Ente über Nacht in die Pökellake eingelegt, so daß sie ganz davon bedeckt ist. Das Wurzelwerk wird gewaschen und geputzt, in große Würfel geschnitten, die Zwiebel halbiert und das Ganze kurz aufgekocht. Nun wird die Ente aus ihrer Lake genommen und in die kochende Brühe gegeben. Bei mittlerer Hitze läßt man sie 2 1/2 bis 3 Stunden kochen. Dann wird sie dem Sud entnommen, die nicht zu verwertende Haut wird abgezogen, und das Fleisch von den Knochen gelöst. Beides geht leicht und schnell. Das zartrosafarbene, köstlich schmeckende Fleisch wird entweder kalt mit Sahnemeerrettich serviert oder wieder erwärmt zur Reistafel gereicht. Die Garzeit im Dampfdrucktopf beträgt nur 40 bis 45 Minuten. Der Kochsud eignet sich gut als Grundlage für klare und gebundene Suppen.

Französische Entenpastete

Zu ausgelöstem Brustfleisch einer jungen Ente werden die Entenleber, 200 g mageres Schweinefleisch, 125 g durchwachsener Speck, 3–4 Lorbeerblätter, Salz und Pfeffer sowie 1/8 l trockener Wein bereitgestellt.

Das Schweinefleisch wird mit dem Speck und der Entenleber durch den Fleischwolf gedreht, dieser Fleischteig gut durchmischt und mit Salz und Pfeffer gewürzt. Die Entenbrust wird enthäutet, ebenfalls gewürzt und in dünne Streifen geschnitten. In eine feuerfeste Auflaufform, Durchmesser etwa 15–20 cm, wird von dem Fleischteig eine 1 cm starke Schicht eingefüllt, die Hälfte der Bruststreifen daraufgelegt und das ganze 2 cm mit Fleischteig bedeckt. Alsdann wird das restliche Entenbrustfleisch darauf verteilt und mit dem Rest des Fleischteiges abgedeckt und gut angedrückt, evtl. 5 Minuten beschwert. Nun werden Lorbeerblätter und einige Körner grünen Pfeffers darauf verteilt. Zum Schluß wird der Wein darüber gegossen und die Pastete bei 175–180 °C (Gasstellung 2–3) 2 Stunden im Ofen gebacken.

Später wird die erkaltete Pastete gestürzt, und man läßt sie einige Stunden im Kühlschrank durchziehen. Es ist darum zweckmäßig, sie am Tag vor dem Verzehr herzustellen.

Die verbliebenen Teile der Ente lassen sich bestens als Weißsauer, Schwarzsauer oder Pommersche Entensuppe verwerten, Rezepte auf den folgenden Seiten.

Niederaltenburger Entenpastete
Eine besondere Delikatesse

Bereitzustellen sind hierfür: das ausgelöste Brustfleisch einer jungen Ente, 2 Zwiebeln, 125 g Pfifferlinge, 20 g Weizenmehl, 300 g Kalbsleber, 2 Entenlebern, 200 g durchwachsener Speck in dünnen Scheiben, Pfeffer, Salz, 1 Teelöffel Thymian. Nach Belieben außerdem $1/4$ l Bouillon oder $1/8$ l Sherry bzw. Madeira Medium und 3 Blatt weiße Gelatine.

Die vom Rumpf abgelöste Entenbrust wird gewaschen, getrocknet und abgehäutet. Die Haut wird kleingewürfelt und bei starker Hitze etwa 15 Minuten in der Pfanne ausgebraten und dann aus der Pfanne genommen. Nun wird die Entenbrust 2 Minuten beidseitig auf höchster Stufe in dem verbliebenen, ausgebratenen Fett angebraten und bei mittlerer Hitze 20 Minuten durchgebraten, wobei man nach etwa 10 Minuten einmal wendet. Jetzt läßt man die Bruststücke abkühlen und schneidet sie in dünne Streifen. Die Zwiebeln werden in sehr kleine Würfel geschnitten und im Entenfett bei starker Hitze goldgelb angebraten, die gesäuberten und ebenfalls kleingewürfelten Pifferlinge werden hinzugegeben und etwa 5 Minuten bei mittlerer Hitze durchgedünstet. Dann stäubt man Mehl darüber und läßt sie abkühlen.

Nun dreht man die ausgebratene Haut, die Lebern und das Brustfleisch, von dem man jedoch 3 Streifen zurückbehält, durch den Fleischwolf. Den entstandenen Fleischteig mischt man mit den übrigen Zutaten und würzt mit Pfeffer, Salz und Thymian. Hierauf wird eine Auflaufform mit Speckscheiben ausgelegt, $1/3$ des Fleischteiges wird darüber eingefüllt, die drei verbliebenen Entenfleischbruststreifen werden daraufgelgt und die restlichen $2/3$ des Fleischteiges darüber verteilt. Das Ganze wird mit Speckscheiben abgedeckt.

Die nun gefüllte Form wird mit einem Deckel oder einer Aluminiumfolie verschlossen und im Wasserbad 90 Minuten lang bei mittlerer Hitze gegart.

Danach wird der Deckel entfernt, die Pastete wird beschwert, und man läßt sie etwa einen Tag im Kühlschrank gut durchziehen. Die in Wasser eingeweichte Gelatine wird entsprechend der Verarbeitungsvorschrift in einer Bouillon oder in Sherry aufgelöst und über die zuvor gestürzte Pastete gegossen.

Die übrigen Teile der Ente lassen sich gut zu Enten-Weißsauer, Schwarzsauer oder Pommerscher Entenrestesuppe verarbeiten.

Enten-Weißsauer

Mit 1½ l Wasser, 1 Zwiebel, 1–2 Stück Ingwer, ½ Teelöffel Pfefferkörner, 3–4 Gewürznelken, 3–4 Eßlöffel Essig wird ein Sud bereitet, der in einen Kochtopf mit kaltem Wasser gegeben und dann aufgekocht wird. Eine Ente oder Entenreste werden in die kochende Brühe eingelegt, worauf man sie etwa 1½ bis 2 Stunden bei mittlerer Hitze garen läßt, im Dampfdrucktopf nur 45 Minuten. Danach werden die Ente oder die Entenreste herausgenommen, Haut und Knochen werden entfernt, das Fleisch wird in Stücke geschnitten und in eine Schüssel gelegt. Die Kochbrühe läßt man erkalten und hebt das Fett ab. Dann füllt man ¾ l der Brühe ab, salzt *kräftig*, schmeckt mit Sherry ab und füllt die nach Vorschrift aufgelöste Gelatine (10 Blatt) hinzu. Dann gießt man diese Brühe über das Fleisch, läßt alles im Kühlschrank erstarren, stürzt vor dem Servieren und garniert mit Mayonnaise. Vortreffliches, aber heutzutage nur noch selten gebrauchtes Rezept zur Verwertung der Reste.

Enten-Schwarzsauer

Mit diesem Rezept können die der Ente beiliegenden Innereien bestens verwertet werden, was ein wohlschmeckendes Gericht für 2 Personen ergibt. Mit dem gereinigten Magen, dem Herz, Hals und Fleischresten wird dieses Entenklein in eine kochende Wurzelbrühe eingelegt und etwa 1½ Stunden weichgekocht, wobei zu beachten ist, daß das Magenfleisch, dessen bläuliche Außenhaut zuvor abzuziehen ist, zuletzt weich wird. Im Dampfdruckkochtopf beträgt die Kochzeit nur etwa 40 Minuten. Außerdem werden unter Zugabe von ½ l Wasser zuvor eingeweichte Trockenfrüchte, nämlich 30 g getrocknete Äpfel, 30 g getrocknete Birnen und 30 g getrocknete Pflaumen mit der Schale einer halben Orange oder Zitrone gekocht; sobald die Früchte weich sind, werden ½–¾ l Fleischbrühe und das Blut einer Ente, das sind etwa 100 g, hinzugeben, nachdem es beim Schlachten aufgefangen und gut gequirlt wurde, damit es nicht stockt. Dann wird mit 2 Eßlöffeln Weizenmehl abgebunden, und mit Salz, Zucker und Essig abgeschmeckt. Dieses Schwarzsauer wird in tiefer Schüssel angerichtet und das ausgekochte Entenklein, evtl. mit Semmelknödeln, dazugereicht.

Pommersche Entenrestesuppe

Herzurichten sind hierfür:

Entenfleischreste, 1½ l Wasser, Wurzelwerk, 1 große Zwiebel, 2 kleine Zwiebeln, 20 g Fett, 50 g Weizenmehl, 500 g Kartoffeln, geschält und gewürfelt, 1 Schuß Wein, 2–3 Eßlöffel Sahne, Schnittlauch, Brühwürfel, Salz, Pfeffer und Petersilie.

Die Fleischreste werden mit gesäubertem, kleingeschnittenen Wurzelwerk und halbierter Zwiebel in kaltem Wasser angesetzt, etwa 1 Stunde bei mittlerer Hitze gekocht, im Dampfdrucktopf 15–20 Minuten. Dann werden die Entenfleischreste aus dem Sud genommen, entbeint und in Streifen geschnitten. Aus Fett, 2 kleinen Zwiebeln und Mehl wird eine helle Einbrenne bereitet, mit der Brühe aufgegossen, gesalzen und ein Brühwürfel hinzugegeben.

Dann gibt man Kartoffelwürfel und die Fleischreste in die Suppe und läßt sie 15 Minuten kochen. Mit Salz und Pfeffer, Wein und Sahne wird abgeschmeckt und vor dem Servieren Petersilie und Schnittlauch darübergestreut.

Geräucherte Entenmägen

Die Entenmägen werden innen und außen enthäutet, alsdann gut geräuchert. Das Räuchergut wird fein gerieben aufs Butterbrot gestreut.

Gänserezepte

Einladung zur Martinsgans

Wann der heilge Sanct Martin
Will der Bischofsehr entfliehn,
Sitzt er in dem Gänsestall,
Niemand findt ihn überall,
Bis der Gänse groß Geschrei
Seine Sucher ruft herbei.

Nun dieweil das Gickgackslied
Diesen heilgen Mann verrieth,
Dafür thut am Martinstag
Man den Gänsen diese Plag,
Daß ein strenges Todesrecht
Gehn muß über ihr Geschlecht.

Drum wir billig halten auch
Diesen alten Martinsbrauch
Laden fein zu diesem Fest
Unsre allerliebste Gäst
Auf die Martinsgänslein ein
Bei Musik und kühlem Wein.

Simon Dach (um 1650)

Kulinarischer Höhepunkt an der Tafel einer Festgesellschaft ist und bleibt ein Gansbraten. Nachstehend einige der zahlreichen Möglichkeiten wohlschmeckender Zubereitung:

Gansbraten nach Hausfrauenart

Die bratfertige Gans wird innen und außen kalt abgespült und innen und außen mit Salz und Pfeffer eingerieben. Das Fett der Bauchhöhle wird zwecks späteren Auslassens herausgelöst. In die Bauchhöhle wird eine Füllung aus 500 g Apfelwürfeln, einer geschälten feingehackten Zwiebel, 100 g unter heißem Wasser abgespülter und abgetropfter Sultaninen, 100 g Semmelbrösel und 2 Eßlöffel getrocknetem Salbei eingelegt. Sie wird dann zugesteckt oder zugenäht. Die Brust wird mit etwa 20 g Butter eingerieben.

Die so vorbereitete Gans wird nun mit der Brust nach oben auf einen Rost in die Kasserolle ohne Deckel gelegt, 1/4 l kochendes Wasser zugegeben und in die mit 200 °C vorgeheizte Backröhre (Gasstufe 3) geschoben. Man läßt die Gans 120–150 Minuten vorbraten, dann wird sie gewendet, um 20 Minuten den Rücken zu bräunen, worauf sie erneut gewendet, mit Salzwasser bepinselt und etwa 10 Minuten mit größter Hitze knusprig gebräunt wird. Am Schluß des Bratvorgangs soll die Haut glänzen und bei Berührung leicht „krachen".

Die Gans wird nun aus der Kasserolle genommen, angerichtet und mit Beilagen nach Geschmack, z. B. Blaukraut und Semmelknödel serviert.

Gänse-Einfachrezept

Am Tag vor dem Braten Gans nach Entfernung der Beutelumhüllung bei Zimmertemperatur auftauen, waschen und innen und außen gut mit Salz und Pfeffer einreiben.

Vor dem Braten Herd etwa 15 Minuten auf 225 °C vorheizen und 1/4 l Wasser in das Bratgefäß geben. Gans mit der Brust nach oben in das Bratgefäß legen und 15 Minuten bei scharfer Hitze (225 °C) anbraten, und anschließend mit etwa 190 °C 2 Stunden weiterbraten dabei mit einem Zahnstocher oder einer Nadel je zwei Löcher in die Brust seitlich und oben einstechen.

Dann die Gans wenden und wieder mit hoher Hitze (225 °C) etwa 15 Minuten den Rücken bräunen. Danach wieder wenden, mit 180 °C weiterbraten und gegen Ende der Bratzeit, also nach etwa 3 Stunden, die Brattemperatur nochmals erhöhen auf 225 °C. Eine zerkleinerte Zwiebel in den Bratensaft geben und die Gans mit einem Schuß kalten Dunkelbiers einmal übergießen. Etwa 15–30 Minuten weiterbraten, bis die Haut ganz knusprig braun ist, aber hierbei nicht mehr übergießen. Auf Füllung wird verzichtet.

Weihnachtsgans

Benötigt werden: eine junge Gans (etwa 5 kg), 250 g Backpflaumen, 500 g Äpfel, 2 Eßlöffel Zucker, 4–5 Eßlöffel getrocknetes, geriebenes Vollkornbrot, Weinbrand oder Cognac. Außerdem für die Soße: 4 Eßlöffel Sahne, 1–2 Eßlöffel Mehl, 2–3 Eßlöffel Apfelmus, sowie Salz und schwarzer Pfeffer.

Die bratfertige Gans waschen, außen und innen gründlich mit Salz und Pfeffer würzen. Die über Nacht eingeweichten Backpflaumen entsteinen und mit den geschälten, entkernten und kleingeschnittenen Äpfeln mischen; mit Zucker, geriebenem Vollkornbrot, Zimt und Weinbrand abschmecken; die Gans damit füllen und verschließen. Dann in das Bratgefäß 3 Tassen Wasser und einen in kleine Stücke geschnittenen Apfel geben.

Die Gans, Brust nach oben, auf einen Bratrost legen und auf der untersten Schiene in den vorgeheizten Backofen schieben. Bei 200 °C etwa $2^{1}/_{2}$–3 Stunden langsam braten und ab und zu mit dem Bratensaft begießen. Nach der halben Bratzeit zwischen Keulen und Bauch mehrfach die Haut einstechen, damit das Fett besser ausbrät. 30 Minuten vor Ende der Bratzeit die Gans wenden und 15 Minuten lang den Rücken bräunen lassen. Dann erneut wenden und 10 Minuten vor Ende der Garzeit mit kaltem Salzwasser bestreichen und bei etwa 230 °C knusprig braun werden lassen.

Die Flüssigkeit im Bratgefäß mit Wasser verlängern, mit Sahne und Mehl binden und mit Apfelmus, Salz und Pfeffer abschmecken. Dazu werden Kartoffel- oder Semmelknödel und Rotkraut gereicht.

Gekochte Gans

Bereitzustellen sind: Eine junge bratfertige Gans, drei Stangen Porree, drei Gelbe Rüben und eine Zwiebel.

Nach dem Waschen wird die Gans mit Salz und Pfeffer eingerieben, dann mit Porree und den Gelben Rüben sowie zwei Zwiebelhälften, deren Schnittflächen zuvor auf der Kochplatte angeröstet wurden, in einen mit Wasser gefüllten Kochtopf gegeben, etwa 3 Stunden gekocht und serviert. Als Beilage Wirsing, und zur Suppe oder als Suppeneinlage Leberknödel. Ein einfaches, mit Sicherheit gelingendes Rezept.

Gänsesülze

Etwa 1 kg Gänseteile kalt abspülen, abtropfen lassen, mit Salz, Pfeffer, Lorbeerblatt in kochendes Wasser geben; aufkochen lassen und unter geringer Hitze etwa 2 Stunden garen. 20 Minuten vor Kochende 250 g Mohrrüben, 1 Sellerieknolle und 150 g Erbsen hinzugeben. Zudem 9 Blatt weiße Gelatine in kaltem Wasser einweichen.

Nach der Garzeit werden die Gänseteile aus der Brühe genommen, das Fleisch wird von den Knochen gelöst und in 2 cm große Stücke geschnitten, das Gemüse wird ebenfalls herausgenommen und zerteilt. Nun wird die Brühe durchgesiebt, $^{3}/_{4}$ l abgemessen, die ausgedrückte Gelatine darin aufgelöst und mit Salz, Worcestersauce, Essigessenz und Zucker abgeschmeckt. In einer Form von mindestens einem Liter Fassungsvermögen wird einen halben Zentimeter hoch von der Gelatineflüssigkeit eingefüllt und im Kühlschrank zum Erstarren gebracht. Dann werden dünne Zitronenscheiben und Petersilie darübergelegt und die Brühe mit dem Gänsefleisch und Gemüse eingefüllt. Über Nacht im Kühlschrank erstarren lassen und vor dem Servieren stürzen.

Gänseragout mit Eßkastanien

Eine bratfertige Gans innen und außen waschen, abtropfen lassen, in Ragoutstücke zerteilen und mit Salz, Pfeffer und eventuell Paprika würzen.

In einer Kasserolle 2 Eßlöffel Gänsefett oder Butter unter Zugabe von zwei zerkleinerten Knoblauchzehen erhitzen. Dann vier Mohrrüben, eine Knolle Sellerie, 2 große Zwiebeln, kleingeschnitten, und die Ragoutstücke hinzugeben. Alles weiter erhitzen und sobald letztere sich verfärben $1/20$ l Weißwein und je einen Stengel Thymian und Petersilie sowie ein Salbei- und Lorbeerblatt hinzufügen. Alles kurz einkochen lassen, und zwei geschälte und entkernte Tomaten in Scheiben mit 1–2 kg geschälten Eßkastanien zugeben. Alles mit $1/2$ l magerer Bouillon, z. B. aus Brühwürfeln, bedecken, die Kasserolle ins Bratrohr schieben und bei 200 °C etwa 2 Stunden schmoren lassen.

Achtung: Kastanien aus der Dose werden erst eine halbe Stunde vor Kochende beigegeben; frische hingegen werden über Kreuz an der gewölbten Seite eingeschnitten, 5 Minuten leicht gekocht, Schale und Häutchen abgezogen.

Aus dem Sud eine Soße bereiten und mit einem Eßlöffel dickem Sauerrahm binden.

Gänserahmsuppe

Die gesamten Bratenreste, also auch die Knochen, grob hacken und mit zwei zerteilten Möhren, einem Knollensellerie und einem Lauchstengel in etwas Fett anrösten, in eine gute Bouillon geben und $1 1/2$ bis 2 Stunden bei geringer Hitze kochen lassen, absieben, abkühlen lassen und entfetten.

Gänsereste entnehmen, Fleisch von den Knochen lösen, kleinstückig schneiden, aus einem Teil der Bouillon und den mitgekochten Gemüsen im Mixer ein feines Püree bereiten und alles unter Zugabe von 4 Eßlöffeln Schlagsahne umrühren und aufkochen. Dann nachwürzen und anrichten.

Eingelegte Gans

Eine bratfertige Gans wird portioniert, d. h. in Schenkel-, Brust-, Flügel- und Rückenstücke zerteilt. Das Bauchfett wird zur weiteren Verwendung herausgelöst. Die Gänseteile kräftig einsalzen, und in einer Terrine 24 Stunden zugedeckt stehen lassen. Danach werden die Fleischstücke gründlich abgewischt und in einen großen Topf eingelegt. Nun wird so viel geschmolzenes Gänsefett hinzugegeben, daß die Fleischteile davon bedeckt werden. Das Ganze mit geringster Hitze etwa $3 1/2$ Stunden dünsten und jedenfalls so lange, bis sich mit einer Nadel leicht das Fleisch einstechen läßt, es also ganz weich geworden ist.

Nun werden die Fleischteile herausgenommen, in eine passende irdene Terrine oder einen Steintopf gelegt, mit durchpassiertem Gänsefett begossen, bis sie ganz bedeckt sind. An kühlem Ort läßt man erstarren und gießt danach noch eine 1 cm dicke Schicht erwärmtes Schweineschmalz darüber. Im Kühlschrank aufbewahren und bei Bedarf Fleischteile entnehmen, danach aber immer wieder mit Schmalz zugießen.

Gänseragout aus Resten

Gänseklein aus Herz, allseits enthäutetem Magen, Hals ohne Haut und sonstigen Gänsefleischresten mit Suppengrün, Lorbeerblatt, Essig, Salz, Zwiebel und 200 g Backpflaumen in Wasser einlegen und weichkochen. Aus Fett und Mehl eine helle Einbrenne bereiten, mit der Brühe ablöschen, zwei separat weichgekochte Äpfel und das Gänseklein mit den Backpflaumen sowie zwei kleingeschnittenen Gewürzgurken hinzugeben, abschmecken und servieren.

Gänseleber Malaga

Die Gänseleber waschen und einige Stunden in Milch einlegen, danach mit Wiegemesser sehr fein zerkleinern, mit weißem Mehl bestreuen, in einer Pfanne heißer Butter wenden, ein Glas Malagawein hinzugießen und bei wenig Hitze solange garen, bis der Wein fast verdampft ist. Auf Toast servieren.

Gänseschmalz als Brotaufstrich

Durch Mischung von zwei Teilen Gänsefett mit einem Teil Schweineflomen wird ein herzhaft-kräftiger, wohlschmeckender Brotaufstrich gewonnen:

Die Schweineflomen werden mit einem kleingeschnittenen Apfel und einer kleingeschnittenen Zwiebel bei geringer Hitze in einem Topf langsam ausgelassen. Sobald die Flomen goldbraun und knusprig sind, wird das Gänsefett hinzugegeben, alles mit einer Prise Salz gut durchgemischt und zur Erstarrung in den Kühlschrank gestellt.

Geräucherte Gänsebrust (Spickgans)

Junge, gut ausgemästete Gänse werden nach der Schlachtung eine Nacht zum Trocknen aufgehängt, dann das Brustfleisch mit der Haut – beginnend unter den Flügeln – vom Brustknochen abgelöst und unerwünschtes Fett entfernt. Die Brüste werden nun etwa 48 Stunden, ggfs. auch länger, in einer Lake aus Nitritpökelsalz, im Verhältnis Lake zu Fleisch von 1 : 1 bei geringer, Eisschrank-Temperatur 5 °C gepökelt, danach kalt abgewaschen, abgetrocknet, zusammengeklappt und die Hauträder mit einem haltbaren, hellen Faden zusammengenäht. Dann eine Aufhängeschlaufe anbringen, die nun rundliche Gänsebrust an der Luft trocknen, mit Weizenkleie einreiben und danach im milden Rauch von trockenen Buchenholzspänen, evtl. angereichert mit trockenem Wacholderreisig oder Nadelholzzapfen, auch -Nadeln, solange räuchern bis die Haut etwa nach acht Tagen goldgelb ist. Schmeckt köstlich und am besten in sehr dünn geschnittenen Scheiben! Auf gleiche Weise werden geräucherte Gänsekeulen geräucherte Entenbrüste erzeugt.

Das Tranchieren von Geflügel

Benötigt werden hierzu Geflügelschere, Tranchiermesser, zweizinkige große Gabel und Messerschärfer, ein großes Bratenbrett.

Tranchiert wird so:
- Braten auf dem Brett mit der Tranchiergabel festhalten.
- Flügel an den Schultergelenken abtrennen.
- Schenkel an den Gelenken abtrennen.
- Geraden Längsschnitt auf dem Brustbein bis zur Bauchhöhle durchführen, die Brust also in zwei gleiche Teile trennen.
- Mit sehr scharfem Messer vom Brustbein schräg weg nach unten etwa 1,5–3 cm breite Streifen abschneiden und vom Brustknochen lösen.

Enten und Gänse bereits tranchiert auf die Tafel zu bringen, ist einigermaßen barbarisch. Der Braten kühlt zu schnell aus; das kunstvolle Tranchieren bei Tisch gehört zur festlichen Zeremonie, denn solch edle Braten wie Enten und Gänse werden nicht einfach verzehrt, sondern mit Andacht gespeist.

Die Behandlung und Verwertung von Enten- und Gänserupf

Wert und Qualität der Federn

Das Gefieder von Enten und Gänsen ist wertvoll und erhöht den Ertrag ihrer Haltung. Es enthält die feinen, zarten von der Natur so kunstvoll gestalteten Daunengebilde, die hauptsächlich an Brust- und Bauchseite des Wassergeflügels wachsen. Sie sind weich und sehr leicht, und isolieren und wärmen hervorragend. Große Daunen haben mehr Füllkraft als kleine. Bei gleicher Größe sind Gänse- und Entendaunen gleichwertig. Daunen, und solche gemischt mit Federn, eignen sich besonders als Füllung für Decken und Kissen aller Art.

Entenfedern haben einen gebogenen, verglichen mit Gänsefedern zarteren Kiel, und die Federnenden sind spitzförmig abgerundet. Sie eignen sich gut für weiche Kissen.

Gänsefedern sind an den Federnenden breit abgeflacht und kräftiger, die damit gefüllten Kissen stützen infolgedessen noch etwas besser. Bei gleichem Füllgewicht haben kleine Federn mehr Füllkraft als große, also mehr das Volumen des Füllgutes haltende, elastische Ausdehnungskraft.

Je nach Haltung und Alter des Wassergeflügels sind Qualität und Ertrag der Daunen und Federn unterschiedlich. Bei Freilandhaltung und Zugang zu Schwimmgewässern sind Qualität und Ertrag gegenüber ausschließlicher Stallhaltung höher und besser. Frühmasttiere, also mit dem ersten Gefieder, erbringen nur etwa 60 % der Federn und Daunen gegenüber älteren Tieren, deren Gefieder nach dem ersten Federwechsel voll ausgereift ist.

Die Daunen der Flugentenerpel sind gegenüber denen der Flugenten deutlich größer und flockiger. Daunen haben etwa den zehnfachen Wert von Federn. Hühner haben keine Daunen, ihre Federn sind flach und ohne Füllkraft und deshalb als Bettenfüllungen ungeeignet. Allenfalls können sie für Sofakissen Verwendung finden.

Die Qualität des Gefieders zum praktischen Gebrauch in Bettwaren wird erheblich durch das Futter bestimmt. Gefieder von Tieren aus Freiland- und Gewässerhaltung mit viel natürlicher, nicht mastiger Fütterung hat mehr Füllkraft und längere Haltbarkeit. Energiereiches Futter erhöht den Fettanteil im Geflügelkörper, wodurch auch die Gefiedersubstanz fetthaltiger und weniger elastisch wird.

*Links: Gänsefeder (stumpfes Federnende); Mitte: Gänsedaune;
Rechts: Entenfeder (spitzes Federnende).*

Der Wert von Daunen und Federn des Wassergeflügels für die menschliche Gesundheit ist unschätzbar hoch. Ihr effektiver Kälteschutz übertrifft alle sonstigen Umhüllungen tierischen, pflanzlichen und erst recht synthetischen Ursprungs. Zufolge einer in der „Pekinger Arbeiterzeitung" vor geraumer Zeit erfolgten Veröffentlichung haben chinesische Wissenschaftler angeblich herausgefunden, daß Eisbären in ihrem Pelz künstliche Temperaturen von minus 90 °C ertrugen, während Enten und Gänse sogar noch bei –100 °C munter geschnattert haben sollen. Auch die Bekleidungsindustrie hat die vorzügliche Wärmeisolierung durch Daunen seit langem erkannt. Wer sich tiefen Kältetemperaturen aussetzen muß, aber nicht mit unnötigen Gewichten belasten will, trägt daunengefütterte Kleidungsstücke und schläft in Daunenschlafsäcken.

Hauptsächlich finden Federn und Daunen jedoch in Bettwaren Verwendung. Federn und Daunen können gemischt werden, die Qualität einer Mischung ist umso besser, je höher der Daunenanteil ist. Gängige Füllungen sind in der Tabelle Seite 162 aufgeführt.

In früheren, spar- und arbeitsameren Zeiten, wurden von den „Fahnen" der ansonst wertlosen Flügel- und Schwanzfedern die „Grannen" abgestreift und in die

Verwertbarer Anteil Federn je Tier nach Warmwäsche, ohne Schwanz- und Flügelfedern

	Daunen Gramm	Federn Gramm	Schleißfedern Gramm	verwertbar Gramm	Daunen in %*	Abfall Gramm
Frühmast-Pekingenten	12	50	15	77	14	5
ältere Pekingenten	35	75	21	131	25	7
weibl. Flugenten	17	44	14	75	21	5
männl. Flugenten	19	48	21	88	19	10
Frühmastgänse	25	95	27	147	15	18
Zucht-, Weide- und Spätmastgänse	50	130	32	212	22	11

*) des gewaschenen, sortierfähigen Schlachtrupfes

Bedarf an Federn zur Füllung von Bettzeug

für Kopfkissen 80 × 80:	1000 g Federn
für Flachbetten 135 × 200, eine gute Füllung:	2000 g Federn
besser:	1750 g Halbdaunen (15 % Daunenanteil)
besser:	1650 g Rupf, daß heißt mit dem vollen Daunenanteil (20 %), besonders zweckmäßig für Selbstverwerter, die nicht sortieren.
besser:	1500 g ³/₄-Daunen (30 % Daunenanteil),
besser:	1250 g fedrige Daunen (50 % Daunenanteil),
und am besten:	1000 g reine Daunen (95–100 % Daunenanteil).

Füllungen eingemischt. Mit solchem „Schleiß" der allerdings nicht viel taugt, ließen sich die Mischungen strecken, Bettfedernfabriken gewinnen ihn heutzutage maschinell, mischen ihn zu und verbilligen so ihre Füllungen, mindern damit freilich auch die Qualität.

Abgesehen von der Kälteschutzwirkung nehmen Federn und Daunen im Inlett die durch Körperatmung entstehende Feuchtigkeit auf und geben sie allmählich wieder an die Luft ab. Bei normaler Raumtemperatur und -feuchtigkeit vermögen

- Daunen und Halbdaunen 11,6 %
- Polyamidkunstfasern 4,0 %
- Polyesterkunstfasern 0,8 %

ihres Gewichts an Feuchtigkeit aufzunehmen, was den Wert des Gefieders von Wassergeflügel auch insoweit erkennbar macht.

Waschen der Federn

In größeren Schlachtbetrieben werden die jeweils anfallenden Federn und Daunen, das sogenannte GEFÄLLE, maschinell gespült und getrocknet und als Rohware an

Bettfedernfabriken verkauft, die hieraus Füllungen für Bettwaren herstellen. Hingegen findet das oft nur geringe Aufkommen aus kleinen Enten- und Gänsehaltungen wegen des unverhältnismäßigen Aufwands kaum Käufer. Es ist aber Wertvergeudung, die Kleinmengen einfach wegzuwerfen, da es einfache Methoden gibt, um den Rupf zur eigenen Verwendung hinreichend gebrauchsfähig aufzubereiten. Ist eigene Verwendung aber nicht beabsichtigt, ist es dennoch ratsam, den Rupf zu waschen und anzusammeln, bis ein verkaufsfähiges Quantum vorrätig ist. Da frischer Rupf wegen der darin enthaltenen Haut- und Fetteilchen bald riecht und schließlich stinkt, ist er unbedingt noch am Tage der Schlachtung zu waschen.

Waschen kleiner Mengen

Für Haushalte ist zum Beispiel das folgende, einfache Waschverfahren praktikabel:

Zunächst wird von einem Textilgeschäft *grobmaschiges* Nesselleinen besorgt, hieraus ein Sack, etwa 70 × 70 cm genäht und am Schlachttag bereitgehalten. Bereits beim Schlachtrupfen, gleichgültig ob trocken oder naß, ist darauf zu achten, daß Schwanz- und Flügelfedern und sonstige in Betten und Kissen unerwünschte große Federn wegsortiert werden, was sich bei Handrupf leichter bewerkstelligen läßt als bei maschinellem Rupf. Die Füllmenge im Sack ist so zu bemessen, daß in der Haushaltswaschmaschine das Waschwasser die Federn und Daunen gründlich umspülen kann. Dies ist dann sichergestellt, wenn nicht mehr als 4 kg tropftrockene Naßfedern eingebracht werden, was etwa dem Gefälle von zehn Enten oder fünf Gänsen entspricht. Der Sack ist mit einem Bindfaden *sicher* zuzubinden, damit der Knoten keinesfalls in der Waschmaschine aufgeht. Mit 200 g Waschpulver, bei einer Waschtemperatur von nicht unter 60 °C und nicht über 90 °C und Trommelumdrehungen im *Schongang* wird ein befriedigendes Waschresultat erreicht. Aber Vorsicht: Dreht die Trommel im *Schnellgang,* wird das Waschgut völlig zerrieben und unbrauchbar.

Bei einem anderen Verfahren wird der Nesselleinensack mit Inhalt in einem Bottich oder einer Badewanne mit laufendem, klarem Wasser unter ständig leichtem Kneten und Durchdrücken zunächst gründlich durchspült. Sackgröße und Füllmenge werden der Behältergröße angepaßt. Nach dieser *Vorwäsche* wird entweder das Spülwasser abgelassen und durch heißes Wasser ersetzt, oder der gefüllte Sack wird entnommen, und, nachdem das Wasser herausgepreßt ist, in einen anderen mit Heißwasser gefüllten Behälter getaucht. Dann wird Waschmittel zugesetzt und wieder wie bei der spülenden Vorwäsche verfahren. Nach einer halben Stunde ständigen und schonenden Walkens wird das Waschwasser abgelassen und mit kaltem Wasser ausgiebig nachgespült, oder der Sack mit dem Füllgut wird aus dem Heißwasserbehälter wieder in den Kaltwasserbehälter zur üblichen Spülung verbracht.

Ist diese beendet, wird der Sack entnommen und die Tropfnässe soweit möglich, jedoch nicht wringend, herausgepreßt.

Wird auf das Waschverfahren im Sack verzichtet, damit das Waschgut im Bottich frei schwimmen kann, was zweifellos eine noch gründlichere Waschung bewirkt, ist vorzusehen, daß das Wasser beim Ablauf ein feines Sieb passiert, damit die Ausschwemmung der wertvollen Daunen vermieden wird. Allerdings ist hierbei auch zu berücksichtigen, daß die Daunen die Siebmaschen bald verlegen, weswegen diese von Zeit zu Zeit gereinigt werden müssen, falls man nicht bereit ist, sich mit sehr langsamem Abfluß abzufinden.

Ein sehr intensiver Wascheffekt, vor allem zur Beseitigung des Fettanteils in den Federkielen, wird durch Zugabe von Salmiakgeist in das Waschwasser erreicht, wovor zugleich aber ausdrücklich gewarnt wird, denn der Salmiakgeruch ist für viele Menschen unerträglich scharf und kann zu gesundheitsschädlicher Ammoniakvergiftung führen, wenn der Salmiak nicht richtig angewendet wird.

Nach dem Waschen, Spülen und Schleudern, bzw. Auspressen des Wassers, wird der Sack mit dem Füllgut in den Haushaltswäschetrockner (Tumbler) gegeben. Die Trocknung dauert mehrere Stunden! Steht ein Trockner nicht zur Verfügung, wird das Waschgut in einem warmen Raum auf einem etwas erhöhten, großflächigen Siebboden sehr lose und dünn aufgeschüttet, damit auch von unten Luft an das feuchte Federn- und Daunengemisch herankann. Ein unter dem Siebboden aufgestellter elektrischer Heizlüfter beschleunigt den Trocknungsvorgang. Von Zeit zu Zeit ist das Trockengut mit einer Gabel oder einem Holzrechen aufzulockern und zu wenden, damit die Federn keinesfalls zusammenkleben.

Diese Hausmethoden sind zwar nicht optimal, erfüllen aber ihren Zweck. Wenn dabei ein angenehm und frisch duftendes Trockengut gewonnen wird, in das zuvor durch geschicktes Rupfen möglichst keine wertlosen Gefieder- und Hautteile hineingerieten, ist so eine hinreichend gebrauchsfertige Federn/Daunenmischung gewonnen, die in Kissen, Oberbetten, Flachbetten, Einziehdecken und überhaupt Inletts aller Art eingefüllt werden kann; in Kissen und Oberbetten wird von Hand eingefüllt, in Flachbetten nur mit Hilfe eines Füllapparates, über den jedes Bettengeschäft verfügt. Für Einziehdecken, in denen die Teilfüllungen in kleine Karos eingesteppt werden, bedarf es einer speziellen Nähmaschine.

Wenn die Ware entstaubt und sortiert und wie im Handel genormt, verwendet werden soll, wird man zur ungefähren Sortierung ein Bettenfachgeschäft mit Reinigungs- und Sortieranlage für Übernahme dieser Arbeit gewinnen müssen. Das ist für das Bettengeschäft aber wenig lohnend, wenn damit nicht zumindest noch ein Inlettverkauf verbunden ist.

Es wird also darauf ankommen, Interesse am Bettengeschäftsvorteil zu bieten, sei es durch gute Bezahlung seiner Sortierung oder durch Kauf von zudem dort erhältlichen Artikeln.

Sortierung und Bezeichnung von Füllungen

- *Reine Daunen*, geringster Anteil von höchstens 5 % kleinster Federchen
- *Fedrige Daunen*, mindestens 50 % reine Daunen und 50 % kleine Federn
- *Dreivierteldaunen*, mindestens 30 % reine Daunen und 70 % Federn
- *Halbdaunen*, mindestens 15 % reine Daunen und 85 % Federn
- *Federn*, ohne Daunenanteil

Das Raufen

Unter Raufen ist das Auszupfen der Federn und Daunen am lebenden Tier zu verstehen. Die Rentabilität der Gänsehaltung läßt sich durch wiederholtes Raufen während der warmen und gemäßigten Jahreszeit steigern. Aus den vorangegangenen Kapiteln ist ersichtlich, daß für Kleinhalter die Erzeugung von Spätmastgänsen besonders geeignet ist. Die Kosten der monatelangen Haltung auf der Weide mit Vorbereitung auf die Endmast werden ge-

Beginnende Mauser, die Gänse verlieren die Federn. Jetzt können die reifen Federn und Daunen gepflückt (gerauft) werden.

mindert, wenn die Gänse zwischen Aufzucht und Spätmastbeginn ein- bis zweimal gerauft werden, das erste Mal im Alter von etwa zehn bis zwölf Wochen. Dieser Rupf erbringt nur etwa 60 g mit etwa 15 % Daunen. Der Anfall wäre doppelt so hoch, würde die Gans geschlachtet. Das empfindliche Jungtier darf keinesfalls nacktgerauft werden. Beim nächsten Raufen, etwa acht Wochen später, beläuft sich der Ertrag schon auf 160 g und der Schlachtrupf im Spätherbst auf 180 g, also insgesamt auf rund 400 g je Gans, wovon mindestens ein Fünftel die wertvollen Daunen sind. Bei einem Kilopreis des Gefälles von etwa 30,- DM sind das also etwa 12,- DM je Gans. Überdies wirkt das Raufen günstig auf die Entwicklung des Knochenaufbaus und des Fleischansatzes.

Das etwas derb anmutende Wort „Raufen" weckt unwillkürlich eine Vorstellung groben Umgangs mit dem Tier, was aber unberechtigt ist, wenn gekonnt und zur rechten Zeit gerauft wird. Denn das Raufen sollte eher ein „Pflücken" sein. Gepflückt wird, wenn die Federn und Daunen „reif" sind, nämlich dann, wenn sie beginnen auszufallen. Das ist leicht erkennbar, wenn im Stall oder Auslauf mehr Federn als sonst herumliegen. Die reifen Federn sind auch dauerhafter, füllkräftiger und damit wertvoller.

Das Tier wird ergriffen, zur Beruhigung wird eine luft-, aber nicht sichtdurchlässige, Haube, zum Beispiel ein Strumpf, über den Kopf gestülpt, die Paddeln werden mit einem Band schonend zusammengebunden. Rücklings wird die Gans auf einen Tisch, eine Bank oder den Schoß der rupfenden Person gelegt, ihren Kopf läßt man herabhängen. Man vergewissert sich zunächst, daß die Kiele, also die Federn- und Daunenwurzeln, nicht mehr oder fast nicht mehr blutig sind, denn sonst ist es für das Raufen noch zu früh und man wartet besser noch einige Tage. Nun beginnt man mit dem Pflücken des Brust- und Halsgefieders. Ohne die Haut nackt zu pflücken, denn so wächst das Gefieder bald wieder nach, werden nun zügig zuerst die Brust- und Bauchfedern in einem neben dem Tier bereitgestellten Behälter abgelegt. Auch wer unerfahren und ungeübt ist, aber behutsam zu Werke geht und nicht versucht, auch den letzten Bauchgefiederrest wegzurupfen, wird bald die zweckmäßigste Methode herausgefunden haben. Selbstverständlich werden keine Flügel- und Schwanzfedern gerauft; sie sind wertlos.

Eine geübte Person pflückt in der Stunde von Hand etwa acht bis zehn Gänse, mit einer Trockenrupfmaschine die drei- bis vierfache Zahl.

Ist das Pflückgut trocken, wird es sehr locker in gut luftdurchlässige Säcke gefüllt und in einem trockenen Raum, zum Beispiel in einem Speicher zum Nachtrocknen aufgehängt, bis ein Quantum beisammen ist, für das sich die Wäsche lohnt. Gewaschen werden muß das Pflückgut unbedingt, weil es unhygienische Fett-, Fleisch- und Blutreste sowie Staub enthält und ohne gründliche Waschung mit der Zeit riechen würde. Die Ware würde wertlos.

Wird vergegenwärtigt, daß eine einzige, jährlich dreimal geraufte Gans, nach drei Jahren bereits ca. 1200 g Federn und Daunen geliefert hat, was zur hochwertigen Füllung eines Bettes ausreicht, und wofür im Fachgeschäft ein ansehnlicher Betrag zu bezahlen wäre, wird deutlich, was manche Grundstücksbesitzer, die Gänse halten können, sich entgehen lassen.

Nach dem Raufen sollten Gänse nicht sogleich extremer naßkalter Witterung ausgesetzt werden, vor allem, wenn unzweckmäßigerweise auch Rückengefieder gerauft wurde. Da solches wenig wertvoll ist, sei wegen der Gesundheit der Gänse darauf verzichtet.

Das letzte Raufen sollte nicht später als acht Wochen vor der Schlachtung stattfinden, damit das Gefieder dann wieder voll entwickelt ist. Geraufte Gänse nehmen in der Mast besser zu. Im Winter sollte aber nicht gerauft werden, nicht nur wegen der Kälte, sondern weil das bevorstehende Legen und Brüten empfindlich beeinträchtigt würde.

Bei Zuchtgänsen zur Gewinnung von Bruteiern ist, je nach Klima, ein höchstens viermaliges Raufen im Jahr möglich (Juni, August, Oktober, Dezember). Die Gans erbringt vom zweiten Jahr an dann viermal etwa 180 g, also 720 g mit einem Anteil von etwa 200 g großer, erstklassiger Daunen. Wer die Preise von Daunen und Federn in Bettenfachgeschäften zur Kenntnis nimmt, bekommt einen Eindruck vom Wert dieses Federnertrags.

Einst waren die von Gänsen gewonnenen Schreibfedern ein geschätztes und wertvolles Nebenerzeugnis von Gänsen. Die zweite und dritte Flügelschwungfeder sind die besten, sofern sie im Frühsommer nach der Legeperiode völlig reif von selbst ausfallen.

Für den praktischen Schreibgebrauch sind sie folgendermaßen zu präparieren: Die etwa 7 cm des grannenlosen Federkiels in 65° heißen Sand oder heißes Alaunwasser tauchen, dann auf einem 175° heißen Eisen unter dem Druck einer stumpfen Messerklinge mehrmals hindurchziehen, mit Haifischhaut abreiben und mit wollenem Lappen glätten. Die Schreibspitze läßt sich danach glatt, d. h. ohne Scharten spalten. Schwere Federn waren bevorzugt, die besten kamen aus Lettland und Holland.

Der Enten- und Gänsedung

Dung von Enten und Gänsen enthält viele Pflanzennährstoffe, ist also nützlich und wertvoll. Der Nährstoffgehalt liegt meist deutlich über dem von Rindern und Schweinen, ist aber abhängig vom Nährstoffgehalt des Futters und von Art und Menge der Einstreu. Daher sind Angaben in wissenschaftlichen Veröffentlichungen hierüber unterschiedlich.

Bei einer Analyse von frischer Entengülle auf einer Entenfarm in Bayern durch die Bayerische Landesanstalt für Bodenkultur in Weihenstephan wurde folgender Nährstoffgehalt je m^3 ermittelt.

3,30 kg Stickstoff (N)
1,28 kg Phosphorsäure (P_2O_5)
1,46 kg Kali (K_2O)
1,45 kg Kalk (CaO)
0,43 kg Magnesium (MgO)

Durch den hohen Wasseranteil dieser Gülle betrug die Trockensubstanz der Probe nur 2,14 %; Entenfrischkot hat jedoch etwa 10 % Trockensubstanz.

Demnach enthält die Trockensubstanz von Entenkot:

15,42 % Stickstoff
5,98 % Phosphorsäure
6,83 % Kali
6,80 % Kalk
2,01 % Magnesium

Von einer ganzjährig gehaltenen Ente fallen rund 100 kg nasser Frischkot an, bei einer Trockensubstanz von 10 % also 10 kg Trockenkot. Da Güllegaben von ungefähr 30 m^3 pro Hektar und Jahr für dauerhaftes gutes Pflanzenwachstum angemessen sind, vermögen demnach die jährlichen Ausscheidungen einer Ente 35 m^2 biologisch ausreichend zu düngen. Dementsprechend kann der Düngerbedarf zum Beispiel für einen 500 m^2 großen Garten von etwa 15 ganzjährig gehaltenen Enten oder 7 Gänsen gedeckt und jeglicher Kunstdüngeraufwand erspart werden, wie die Tabelle veranschaulicht.

Es ergab sich die in der Tabelle angeführte Geldwertberechnung für Entendung unter Zugrundelegung der Rein-

Nährstoffgehalte (%) in frischem Mist (aus: Faustzahlen für Landwirtschaft und Gartenbau, 10. Aufl. 1983)

	Stickstoff	Phosphorsäure	Kali	Kalk	Magnesium
Rindermist	0,4	0,2	0,5	0,45	0,1
Schweinemist	0,55	0,75	0,6	0,4	0,2
Schafmist	0,8	0,23	0,67	0,33	0,18
Enten- und Gänsemist	0,8	1,0	0,8	1,3	n. b.

Kostenersparnis aus Enten- und Gänsedung

1,542 kg Stickstoff,	1996	Preis per kg 1,41 DM = 2,17 DM
0,598 kg Phosphor,	1996	Preis per kg 2,42 DM = 1,44 DM
0,683 kg Kali,	1996	Preis per kg 0,81 DM = 0,54 DM
0,68 kg Kalk,	1996	Preis per kg 0,08 DM = 0,06 DM
Der Düngerwert des Kotanfalls einer Ente beträgt also pro Jahr		4,21 DM

nährstoffpreise von Kunstdüngern des örtlichen Landhandels (1996).

Auch in Gewässern bewirken Enten- bzw. Gänseausscheidungen vermehrtes Wachstum von Pflanzen und Kleinlebewesen und erhöhen damit indirekt das Nahrungsangebot für Fische. Römer berichtet über Ertragsentwicklung in zwei Fischteichen in Ostpreußen:

In fünf aufeinanderfolgenden Jahren *ohne* Entenbesatz wurden im Durchschnitt pro Hektar 419,4 kg Fisch erzeugt. In den darauffolgenden fünf Jahren *mit* Entenbesatz stieg der durchschnittliche Ertrag pro Hektar auf 938 kg, also um 123 %. In den fünf Jahren danach, nunmehr wieder *ohne* Entenbesatz, fiel der durchschnittliche Jahresertrag auf 490,4 kg zurück und blieb damit nur 14 % über dem Durchschnittsertrag vor der Periode des Besatzes mit Enten.

Die erstaunlichen Produktionssteigerungen der Fischzucht in Verbindung mit Entenhaltungen in Ägypten und Südchina wurden bereits erwähnt. Aber auch in Tschechien, in Ungarn und Polen ist diese kombinierte Haltung verbreitet und gewinnbringend. Um Zerstörungen von Gewässerböschungen durch Enten und Gänse zu vermeiden, was mitunter in erstaunlich kurzer Zeit geschieht, müssen die Ufer entweder sehr flach, mit einer maximalen Neigung von 10 Grad, verlaufen oder durch grobe Steine, Faschinen oder engmaschige Drahtgeflechtauflagen geschützt werden.

Beim und nach dem Ausbringen von Enten- und Gänsegülle aus Gruben auf Nutzflächen entsteht unter ungünstigen Umständen scharfer, tagelanger Geruch. Diese Geruchsbelästigung läßt sich durch Belüftung der Gülle beträchtlich mindern. Auf einer Entenfarm ist der Inhalt einer 40-m^3-Grube nach 24stündiger intensiver Belüftung durch einen Kreisellüfter mit erheblichem Sauerstoffeintrag jeweils so geruchsarm, daß der Geruch nach Ausbringung nur noch auf dem abgedüngten Grundstück selbst oder in seiner unmittelbaren Nähe feststellbar ist. Massentierhaltungen sehen sich zunehmend in Umweltschwierigkeiten wegen ihres Kotanfalls. In Holland kostete Kotentsorgung 1992 bereits 13,50 DM/t.

Flugente mit Küken.

Krankheiten, Gifte und sonstige Gefahren

Wenn die Mindestbedürfnisse für den Organismus eines Lebewesens nicht gestillt werden, kann es nicht gedeihen und erkrankt, und wenn die Grundforderungen für die Wassergeflügelhaltung nicht erfüllt werden, ist es nicht anders. In den beengten Verhältnissen der Massentierhaltung ist die Gefahr von Erkrankungen größer als bei Kleinhaltungen. Selbst wenn es gelingt, im Falle von Erkrankungen durch Behandlung die Tiere am Leben zu erhalten, so kann damit nur in seltenen Fällen eine „Reparatur" des Schadens herbeigeführt werden. Das Leben der Masttiere ist viel zu kurz, um die durch die Krankheit erlittenen Wachstumsstörungen und Organismusschädigungen einzuholen und wettzumachen. Die Folgen der Erkrankung sind also meist so schwerwiegend, daß der Halter sich zweckmäßigerweise nicht auf die mitunter verzweifelte und intensive Behandlung erkrankter Tiere, sondern auf gewissenhafte Vorbeugemaßnahmen konzentrieren sollte. Und selbst dann ist der Halter gegen Krankheiten nicht gefeit.

Krankheitsbild und Vorbeuge

Krankheiten befallen Enten- und Gänseherden, besonders in Intensivhaltungen, meist wie aus heiterem Himmel; plötzlich sind sie da und beginnen ihren epidemischen, verheerenden Zug. Ein typischer Verlauf ist folgender:

Eines Morgens werden etwa 2 % der Herde verendet vorgefunden, am nächsten Morgen sind es 4 %, am folgenden schon 6 %, man sieht, daß viele Tiere befallen sind, tags darauf verenden wieder 6 %, dann 5 %, dann 3 %, schließlich noch 1 %, und dann ist die Krankheit überstanden und insgesamt 10–30 % der Tiere sind eingegangen. Natürlich sind die Heftigkeit des Krankheitszuges und die tatsächlichen Verluste sehr unterschiedlich, können auch noch bedeutend schlimmer in Erscheinung treten, aber häufig verlaufen die Krankheiten wie geschildert.

Halter stehen den Krankheiten ihres Geflügels oftmals ratlos gegenüber, zumal die Krankheitsbilder nicht sehr unterschiedlich sind. Im wesentlichen ist nur zu erkennen, daß die kranken Tiere sich von der Herde absondern, Apathie zeigen und kein Futter aufnehmen. Der Kot ist wäßrig und verfärbt, der Kopf schlenkert hin und her, wird in den Nacken geworfen oder liegt auf dem Boden, die Augen, oft auch die Nasenlöcher, sondern eine klebrige Flüssigkeit ab, und wenn die Tiere sich erheben, ist der Gang schwankend; irgendwann verenden sie.

Kranke Tiere als Verbreiter von Massen von Krankheitskeimen sollten sofort von der Herde entfernt und, falls sie nicht getötet werden, so weit abseits untergebracht werden, daß sie die noch gesunden Tiere nicht infizieren können. Dem steht allerdings in gewisser Weise entgegen, daß die Krankheit schon seit Tagen im Bestand ist, wenn krankhafte Anomalien festgestellt werden. Dabei wird jeder Halter sich fragen müssen, ob es sich überhaupt lohnt, den Tierarzt kommen zu lassen mit teuren Behandlungsverfahren, die, selbst wenn die Tiere davonkommen, kaum eine Behebung der Schäden herbeizuführen vermögen.

Kommen die Tiere wegen robuster Vitalität oder medikamentöser Behandlung mit dem Leben davon, so wird es jedenfalls lange dauern bis die Schäden geheilt, und die Tiere wieder völlig gesund sind. Zunächst werden sie sich unbefriedigend weiterentwickeln und bei der meist nur einige Wochen nach der Krankheit stattfindenden Schlachtung ungenügende Qualitäten und unzureichende Gewichte erbringen.

Heilung ist also fragwürdig, und der Tierarzt ist überfordert, wenn von ihm erwartet wird, daß, wenige Tage nach Besuch, Diagnose und Medikamentenbehandlung, alles wieder so sein soll wie vor der Krankheit. Krankheiten der Enten sind meistens die Folge von Unterlassungen.

Darum ist der beste Tierarzt der Halter selbst, falls er ständig um optimale Haltung seiner Tiere besorgt ist und ihnen mindestens die gleiche Pflege und Aufmerksamkeit widmet wie seinem Hund oder Kanarienvogel.

Oft ist die Ursache von Krankheiten ungenügende Haltungstemperatur im Kükenalter, wodurch die Tiere anfällig werden. Unbemerkt kommt es zur Infektion, aber die Folgen der Unterlassung zeigen sich erst nach Tagen.

Vorbeugen durch gesunde Haltung z. B. durch Auslauf auf gesundem, frohwüchsigem, kaum verkoteten und nicht verschlammten Grünland erspart das aufwendige und überdies fragwürdige Heilen. Dennoch seien die hauptsächlichen Krankheiten aufgeführt.

Krankheiten bei Enten

Aspergillose, Schimmelpilzkrankheit

Die Krankheit wird durch naß gewordenes Trockenfutter, schimmelnde Einstreu, unhygienisch betriebene Brutschränke usw. auf Enten und Gänse jeden Alters und Eier übertragen. Atemwege und Lungen sind signifikant befallen. In Entenbruteiern entwickelt sich grauer Sporenstaub in der Luftblase. In einer Farm deren Zuchttiere, wegen schimmelig gewordenen Futters in undichten Futterautomaten, von Aspergillose befallen wurden, schlug der Befall über die Bruteier bis zu den Schlachtenten durch. Sterblichkeit tritt vorwiegend im Kükenstadium auf, später selten.

Maßnahme: Gründliche Beseitigung aller Schimmelherde und Desinfektion. Hygiene in allen Bereichen.

Entenornithose, Vogelkrankheit

Dies ist eine Infektionskrankheit durch einen virusähnlichen Erreger und Folge mangelnder Hygiene. Sie kann Enten jeden Alters befallen und ist der Papageienkrankheit verwandt, daher anzeigepflichtig. Befallene Tiere werden matt, zeigen unsicheren Gang, die Augen sind entzündet, die Futteraufnahme geht stark zurück, die Tiere magern ab.

Behandlung: Einmischung von 20 400 g Chlor- oder Oxytetracyclin je Tonne Futter und Verfütterung 3 bis 4 Wochen lang.

Achtung: Die Krankheit erfaßt unter Umständen auch Menschen durch Kontakt mit befallenen Tieren, zum Beispiel in Geflügelschlachtereien.

Hepatitis, Leberentzündung

Eine der häufigsten Krankheiten bei Enten, weltweit durch einen Virus verbreitet, wovon Jungtiere im Alter bis zu 5 Wochen befallen werden. Es kommt zu Gleichgewichtsstörungen, Mattigkeit, Blauverfärbung des Schnabels. Die Tiere fallen um, legen den Kopf zurück, rudern krampfartig mit den Ständern und verenden plötzlich in großer Zahl. Die Krankheit tritt hauptsächlich in Massenbeständen auf.

Medikamentöse Vorbeugung: Impfung der Eintagsküken in die Paddel. Heilung erkrankter Tiere ist wenig aussichtsreich, aber nichtbefallene Tiere können durch intramuskuläre Impfung in die Schenkel mit 0,5 cm^3 Serum von wieder gesundeten Tieren gerettet werden.

New Duck Syndrom (Pasteurella Anatipestifer)

Dies ist eine bakterielle Infektion und ebenfalls Hauptkrankheit in Großbeständen. Befall im Alter von zwei bis sechs Wochen. Die Tiere werfen den Kopf in den Nacken, schlenkern ihn hin und her und bleiben schläfrig sitzen.

Behandlung: Drei Tage lang 30–60 g Sulfadimiden je 100 Tiere ins Trinkwasser geben, oder je 83 mg Streptomycin und Dinydrostreptomycin intramuskulär spritzen.

Paratyphus

Diese seuchenhafte Salmonelleninfektion befällt fast alle Hausgeflügel außer Hühnern. Mögliche Ursache ist salmonellenhaltiges Fleisch- und Fischmehl aus Übersee.

Durch die „Verordnung zum Schutz gegen die Gefahr der Einschleppung von Salmonellen durch Futtermittel tierischer Herkunft aus dem Ausland" wird vorgebeugt. Die Krankheit kann von befallenen Zuchtenten auf deren Eier übertragen werden, so daß auch die Küken bereits infiziert sind. Akut befallene Tiere wirken rundum erkrankt.

Maßnahme: Sofortige unschädliche Beseitigung der erkrankten Tiere, beste Haltung für die anderen. Da Übertragung auf den Menschen möglich ist, ist die Krankheit anzeigepflichtig. Dadurch gelten Enteneier zu Unrecht als „giftig". Siehe auch Kapitel „Eier".

Virusenteritis

Davon werden plötzlich und massenhaft meist ausgewachsene Enten, aber auch Jungtiere über zwei Wochen befallen. Es ist eine Luft- und Speiseröhreninfektion mit inneren Blutungen.

Behandlung ist möglich durch Impfung aller Tiere beim ersten Ausbruch der Krankheit mit Serum aus Hühnereiern von befallenen, geheilten Hühnern.

Es gibt noch ungefähr fünfzehn andere Entenkrankheiten, auf deren Beschreibung, da sie offenbar weniger häufig auftreten, hier verzichtet werden soll. Eingehendere Information über Enten- und Gänsekrankheiten verschafft das Handbuch der Geflügelkrankheiten.

Niemand sollte aber von der Haltung von Enten deswegen absehen, weil sie möglicherweise erkranken können. Genügend Wärme in den ersten 14 Lebenstagen, gutes Fertigfutter, ausreichend Frischwasser und saubere Einstreu werden Aufzucht und Mast gelingen lassen.

Wie erwähnt, ist eine der Hauptursachen für Krankheiten vermutlich länger anhaltende oder vorübergehende unzureichende Temperatur in den ersten 14 Lebenstagen, so daß die Küken sich erkälten. Natürlich sieht das zunächst niemand, aber nach einigen Tagen bricht die Krankheit sichtbar aus, und der Halter glaubt, vor einem Rätsel zu stehen, da doch zum Zeitpunkt des Ausbruchs alle Grundforderungen bestens erfüllt waren. Das ursächliche Versäumnis ist niemandem mehr gegenwärtig. Ausdrücklich sei darauf hingewiesen, daß Küken mitunter bereits bei Lieferanten infiziert sein können, und dann die Krankheiten durch den Streß von Versand und Neueinstellung nach Tagen beim Käufer zum Ausbruch kommen können.

Krankheiten bei Gänsen

Aspergillose, siehe Seite 172.

Cholera (Pasteurellose)

Cholera ist eine anzeigepflichtige, epidemische Durchfallkrankheit. Der übelriechende Kot ist teils grünlich, teils blutig. Aus den Augen rinnt wäßriger Ausfluß. Die Tiere sitzen matt da. Die Krankheit ist nur durch bakterielle Untersuchung nachweislich diagnostizierbar. Ansteckung erfolgt unwägbar, vermehrt offenbar durch Wildvögel. Ein Anwesen mit Cholerabefall wird behördlich gesperrt. Bekämpfung mit Sulfonamiden; Injektion in Hals durch Tierarzt.

Gänseinfluenza, auch Gänsepest genannt

Diese Viruserkrankung mit hoher Sterblichkeitsrate bricht in der ersten und zweiten Lebenswoche aus, dauert ein bis zwei Wochen und tritt dann nur noch vereinzelt auf. Die befallenen Tiere zeigen zunehmende Benommenheit, Durchfall, teilweise Nasenausfluß, Augenverklebung und Atemnot, verenden nach einem halben bis zwei Tagen. Heilbehandlung wäre vergeblich.

Darmkokzidiose

Kokzidiose ist eine durch Kokzidien (parasitäre, einzellige Sporentierchen) verursachte häufige Geflügelkrankheit und befällt Gänse im Alter von etwa zwei Monaten durch Infektion in verseuchtem Auslauf, aber auch durch Fliegen, Vögel, Ratten usw. Der Verlauf ist ähnlich wie bei der Cholera, die Tiere werden matt, haben Durchfall, der Darminhalt ist oft blutig. *Bekämpfung* durch strenge Hygiene und eventuell medikamentös durch Tierarzt.

Nierenkokzidiose

Sie tritt etwa im gleichen Alter auf wie Darmkokzidiose. Die Tiere zeigen Gleichgewichtsstörungen, fallen nach vorn oder taumeln wie betrunken. Gegebenenfalls hilft Verbringung des gesamten Bestandes in einen anderen Stall mit frischem, keinesfalls befallenen Auslauf.

Magenwurmseuche

Sie wird durch kleine, haardünne Würmer im Muskelmagen verursacht und führt bei Gösseln mitunter zu hoher Sterblichkeit. Befallene Gänse scheiden die Wurmeier mit dem Kot aus, deren sich innerhalb 24 Stunden entwickelnde Larven von den Gänsen auf Gräsern bei der Futtersuche aufgenommen werden. Das erste Symptom ist gewöhnlich eine langsamere und schwankende Gangart. Jungtiere sind matt, fressen kaum noch, magern ab, haben Durchfall. Es kommt zu Kopfschlenkern, Schlingbeschwerden und Todesfällen. Die Larven gedeihen auch in stehenden Gewässern, die ohnehin, vor allem bei zu hohem Besatz, gefährlich sind. Gänse mit Zugang zu gesundem fließenden Gewässer werden nicht befallen. Daher sollten Gewässer grundsätzlich Durchfluß haben. Künstliche Tränken im Auslauf sind häufig zu versetzen, weil solche von den Gänsen ständig aufgesuchte Plätze bald biologisch überlastet sind und sich Krankheitskeime entwickeln können.

Behandlung der Magenwurmseuche mit Wurmkapseln ist wirksam.

Ornithose, s. Entenornithose Seite 173.

Salmonellose

Sie kommt bei allen Geflügelarten vor und ist auch auf Menschen übertragbar. Die Erreger sind Bakterien. Infektion erfolgt über Kot, Streu, Futter (verseuchte Importe!), stehende Gewässer und als Folge mangelhafter Hygiene. Es kommt zu Durchfall, erhöhtem Wärmebedürfnis, Bindehautentzündung. Die Tiere zeigen Lähmungserscheinungen der Ständer, Kopfverdrehen und Schläfrigkeit. Befallene Legegänse infizieren auch die Bruteier, so daß es zu gehäuften Ausfällen im Embryonal- und Kükenstadium kommt. Ausgewachsene Tiere erscheinen gesund.

Behandlung: Futterwechsel, strenge Hygiene, medikamentös durch den Tierarzt. Die öffentliche Meinung reagiert auf Salmonellosefälle sehr sensibel.

Parvovirushepatitis, Leberentzündung

Die Krankheit ist nicht zu verwechseln mit der Virushepatitis der Enten, von der Gänse und Flugenten nicht befallen werden.

Bei *akutem* Parvovirushepatitisbefall, der in den ersten beiden Lebenswochen auftritt, werden die Gössel zunehmend apathisch, bleiben schließlich liegen und ein oft großer Teil geht ein. Bei Öffnung verendeter Tiere zeigen sich erhebliche Leberschwellungen.

Subakut tritt die Krankheit von der dritten Woche an auf; die Gössel bleiben im Wachstum zurück, verlieren den Flaum, ein Teil verendet. Neben der Leberschwellung wird Bauchwassersucht erkennbar. Von der *Spätform* werden eher Flugenten befallen. Die Sterblichkeit ist dann zwar relativ gering, es wird jedoch eine verlängerte Mast notwendig, und die Schlachtgewichte sind darüber hinaus sehr uneinheitlich.

Über befallene Legetiere kann die – dann latente – Krankheit auch Ursache von länger anhaltend unerklärbar schlechten Schlupfen sein.

Bekämpfung ist allenfalls durch beste Haltung möglich, dagegen kann durch den nur über den Tierarzt erhältlichen Impfstoff Palmivax wirksam vorgebeugt werden, wozu eine Genehmigung der Veterinärbehörde notwendig ist. Küken geimpfter Legetiere sind bis zum Alter von vier bis fünf Wochen gegen Parvovirushepatitis geschützt.

Dem praktischen Enten- und Gänsehalter hilft es wenig, zu wissen, daß seine Tiere von Viren, Bakterien, Kokzidien und dieser oder jener Krankheit befallen sind, zumal die Erscheinungsbilder der verschiedenen Krankheiten sich ähneln. Sobald die Krankheiten sichtbar werden, ist es ohnehin fast immer schon zu spät, und das Unheil nimmt seinen Lauf. Und selbst, wenn die Diagnose richtig gestellt wird, was kann noch gerettet werden? Die Tiere kümmern dahin, gehen ein und, kommen sie wirklich davon, ist der Schlachtkörper jedenfalls von schlechter Qualität.

Es kann darum nicht genug betont werden, daß wirklich wirksame Bekämpfung von Krankheiten nur durch konsequente, tägliche Vorbeuge möglich ist. Jahrzehntelange praktische Erfahrung in der Enten- und Gänsehaltung hat jedoch auch gelehrt, daß Krankheiten, gegen die, vor allem in Großbeständen, selbst der beste Halter nicht gefeit ist, mitunter wie aus heiterem Himmel kommen aber auch wieder gehen.

Wird bei Erkrankung eines Enten- oder Gänsebestandes Diagnose und Behandlungsvorschrift gewünscht, so sind frisch verendete Tiere schnellstens in Plastikbeuteln und im soliden Karton sehr gut verpackt unter Beifügung eines Kurzberichts über Krankheitserscheinungsbild und -verlauf, Kükenherkunft, Fütterung, Haltung, Herdengröße, Anzahl der bereits eingetretenen Verluste, dem nächstgelegenen Untersuchungsinstitut einzusenden. Im „Jahrbuch für die Geflügelwirtschaft" sind solche Adressen aufgeführt.

Der Untersuchungsbericht ist gewöhnlich erschreckend, weil sich in dem Kadaver Bakterien schnell vermehren und ausbreiten können, so daß meistens gleich mehrere Krankheiten diagnostiziert werden.

Die Hoffnung, durch medikamentöse Behandlung nunmehr der Krankheit umgehend abhelfen zu können, ist mehr oder weniger vergeblich. Denn selbst wenn ein Heilungsprozeß einsetzt, und ein Tier gesundet, so dauert es doch lang, bis alle Folgen überwunden sind, und es wieder voll leistungsfähig ist. Masttiere werden kaum den unterbrochenen Zuwachs bis zum planmäßigen Schlachttermin wieder einholen können, und Zuchttiere, die durch Krankheit aus ihrem Legerhythmus gebracht wurden, werden diesen während der Saison nicht mehr zurückgewinnen können.

Ausdrücklich sei nochmals darauf hingewiesen, daß Küken mitunter bereits bei den Lieferanten infiziert sein können und die Krankheiten durch den Streß von Versand und Neueinstellung nach Tagen beim Käufer zum Ausbruch kommen können.

Pflanzengifte

Enten und Gänse können auch durch Pflanzengifte Schaden nehmen. Auf einer schlechtgepflegten Weide wuchsen zum Beispiel Büsche von Tollkirschen *(Atropa belladonna)* heran, die schwarzen Beeren wurden von Zuchtenten abgefressen, worauf sie alsbald verendeten.

Wenngleich Enten und Gänse auch den gefleckten Schierling *(Conium maculatum)* wie beobachtet meiden, ist immerhin vor dessen giftigen Samen, aus denen schon vor fast zweieinhalbtausend Jahren dem griechischen Philosophen Sokrates sein Todestrunk bereitet wurde, zu warnen.

Die Giftwirkung des Goldregens *(Laburnum anagyroides)* für Pferde ist bekannt, auch für Enten und Gänse sind die Schoten vermutlich gefährlich, aber im allgemeinen kommen die Tiere nicht heran, weil die Schoten zu hoch hängen.

Auch vor der bis zu 50 cm hohen, kartoffelkrautähnlichen Giftpflanze Schwarzer Nachtschatten *(Solanum nigrum)* ist zu warnen. Es ist ein Samenunkraut der Hackfrüchte, auch im Mais, sowie in Gärten und auf Ödland verbreitet; stickstoffliebend. Blätter und Beeren enthalten das giftige Solanin, das schnellen Tod der Tiere bewirken kann.

Schließlich sei noch das relativ seltene Bilsenkraut *(Hyoscyamus niger)* erwähnt, eine Giftpflanze, mit deren ins Ohr geträufeltem Saft, zufolge Shakespeare, der königliche Vater des Prinzen Hamlet ermordet wurde.

In Veröffentlichungen über Gänsehaltung wurde gelegentlich auf eine angebliche Vergiftungsgefahr von Gänsen durch die als „Gänsesterbe" bezeichnete, sonst Bleicher Schöterich, Schotendotter und Lackhederich genannte Pflanze *(Erysimum Crepidifolium)* hingewiesen, die angeblich gern von Gänsen gefressen und zu Vergiftungserscheinungen und Tod führen soll.

Nach Oberdorfer, Pflanzensoziologische Exkursionsflora, ist die Pflanze selten, wächst in sonnigen Fels- und Trockenrasen auf basenreichen, humusarmen Stein- und Felsböden und wird auch in diesem Buch als giftig und tödlich für Gänse bezeichnet. Hauptverbreitungsgebiet: Pfälzerwald, Nahetal, Rhein. Schiefergebirge, Bodensee, Jura, Mainfranken, Harz, Thüringen, Sachsen. In jüngerer Zeit wurden Verluste durch die Gänsesterbe nicht bekannt. Da Gänse jedoch früher oft auf Ödland und anderen nicht bestellten Flächen gehütet wurden, kann die Gefährdung durch diese Pflanze nicht als Legende abgetan werden.

Gefährdung durch Tiere

Beträchtliche Gefährdung geht für Enten und Gänse immer von Fuchs und Marder aus, hauptsächlich vom Fuchs. Er ist vor allem im Juni gefährlich, wenn die Welpen viel Nahrung brauchen. Sind Enten- und Gänseherden nachts ungenügend beleuchtet und ungenügend gesichert, können Fuchs und Marder regelrecht in Blutrausch geraten, springen von einem Tier zum anderen und beißen die Hälse blutig, die Tiere verbluten. Am Morgen werden im Gelände weit verstreut hundert und mehr Tierleichen gefunden. Ist der Zaun nicht 40 cm tief und schräg in die Erde eingegraben, wird er vom Fuchs unterwühlt. Damit er ihn nicht überspringt, ist eine Höhe von zwei Metern, das obere Fünftel abgeknickt, zweckmäßig und bewährt. Iltisse sind, sofern die Ställe nachts erleuchtet sind, statt auf Enten mehr auf Ratten aus. Ratten sind als üble Krankheitsverbreiter und Futterräuber durch Katzen und Auslegen von Giftködern (Cumarin) ständig zu bekämpfen, sonst kann eine Enten- und Gänsehaltung schnell zur Rattenhaltung werden. Katzen dürfen allerdings keinesfalls in Kükenställe eindringen, da sie sich gern an Küken laben. Auch der Dachs tut sich gern an Junggeflügel gütlich vor allem im Frühjahr nach seiner winterlichen Hungerzeit und wühlt sich nachts frech in den Stall.

Raubvögel wie Bussarde, Habichte und Krähen greifen vorwiegend kranke und bereits geschwächte Tiere an, vor allem auch im Winter bei akutem Beutemangel.

Literaturverzeichnis

Avignon, M.-F.: Oies et canards. Verlag Flammarion, Paris 1981
Franz, O.: Wasser- und Wasserziergeflügel. Verlag Oertel & Spörer, Reutlingen o. J.
Kolbe, H.: Die Entenvögel der Welt. Neumann Verlag, Leipzig und Radebeul 1984
Kupsch, W.: Das Gänsebuch. Verlag Fritz Pfenningstorff, Stuttgart, Berlin o. J.
Kupsch, W.: Die künstliche Brut unseres Hausgeflügels. Verlag Fritz Pfenningstorff, Stuttgart, Berlin o. J.
Ministry of Agriculture, Fisheries and Food (Hrsg.): Ducks and Geese. London, H. M. Stat. Office 1980
Oberdorfer, E.: Pflanzensoziologische Exkursionsflora. Verlag Eugen Ulmer, Stuttgart, 7. Aufl. 1994
Oldenettel, J.: Ziergeflügel halten. Hühner- und Entenvögel. Verlag Eugen Ulmer, Stuttgart 1993
Orr, H. L.: Duck and Goose Raising. Deptmt. Agriculture and Food, Toronto o. J.
Römer, R.: Nutzbringende Geflügelwirtschaft. Verlag Eugen Ulmer, Stuttgart, 5. Aufl. 1953
Schmidt, H.: Handbuch Rasse- und Ziergeflügel. Groß- und Wassergeflügel. Verlag Eugen Ulmer, Stuttgart 1996
Scholtyssek, S.: Geflügel. Verlag Eugen Ulmer, Stuttgart 1987
Tüller, R. und Allmendinger, A.: Geflügelställe. Stallbau, Klima, Einrichtung. Verlag Eugen Ulmer, Stuttgart 1990
Woernle, H.: Geflügelkrankheiten. Verlag Eugen Ulmer, Stuttgart 1994
Jahrbuch für die Geflügelwirtschaft. Hrsg.: Zentralverband d. Deutschen Geflügelwirtschaft. Erscheint jährlich. Verlag Eugen Ulmer, Stuttgart

Zeitschriften

DGS. Geflügelwirtschaft und Schweineproduktion. Wöchentlich erscheinende Fachzeitschrift. Verlag Eugen Ulmer, Stuttgart
Geflügelbörse. Wochenzeitschrift. Verlag Oertel & Spörer, Reutlingen

Bildquellen

Renate Dettinger, Fellbach: Seiten 71, 170
Ellen Fischer, Weisenheim: Seite 75 unten
Firma Janeschitz, Hammelburg: Seite 78
Horst von Luttitz: Seite 10
Hans Reinhard, Heiligkreuzsteinach: Titelfoto, Seiten 21 rechts oben, 22 (4), 29 (6), 32 (6), 58, 67, 75 oben, 99 (2)
Fridhelm Volk, Stuttgart: Einband Rückseite, Seiten 2, 7, 14, 15, 17 oben, 24, 35, 42, 43, 46, 47, 50, 51, 54, 57, 63, 64, 79, 88 (2), 103, 106, 107 (2), 113, 116, 117,

129 (2), 132 (6), 133 (5), 136, 137 (2), 161, 165
Christoph Ulmer, Tissano/Udine: Seiten 17 unten, 96
Hans Hinrich Sambraus, Freising-Weihenstephan: Seite 21 links oben und Mitte (2)
Josef Wolters, Bottrop: Seite 21 unten (2)

Zeichnungen

Marlene Gemke, München, nach Angabe und Vorlagen des Verfassers. Zeichnungen Seiten 87, 98, 106, ebenfalls von Marlene Gemke aus: Marie-Theres Estermann, Hühner, Gänse, Enten. Verlag Eugen Ulmer, Stuttgart, 4. Aufl. 1996
Zeichnungen Seite 40 von Rainer Benz, Stuttgart, aus: Beate und Leopold Peitz, Hühner halten. Verlag Eugen Ulmer, Stuttgart, 4. Aufl. 1995

Sachregister

Sternchen (*) verweisen auf Abbildungen

Abfallbeseitigungsgesetz 145
Abfallmast 118
Absatzchancen 138
Absatzmöglichkeiten 13
Akklimatisierung 102
Anpicken 94, 90
Arbeitsplan 80, 81, 82, 83
Aspergillose 172
Ätznatron 135
Aufzeichnungen 78
Aufzuchtstall 107*, 108
Auskühlung 136
Auslauf 45, 50, 106
Ausschlachtergebnis 136
Ausweiden 132*, 134
Aylesbury-Ente 20

Bademöglichkeit 98
Bahamaente 26
Barbarie-Ente 20, 21*
Befruchtung 95
Begasung 83, 86
Belegung 44
Beleuchtung 45
Beleuchtungsprogramm 45
Belüften, Gülle 169
Belüftung 39
Besatzdichte 44, 63
Betriebskontrolle 144
Bettwaren 161
Bewegungsfreiheit 44
Bilsenkraut 177
Bleßgans 32*, 33
Boden 53
Bodenboxen 121
Branntkalk 45
Bratfolie 150
Brautente 22*, 27

Brühen 131
Brühtemperatur 136
Brut 76
Brutapparat 77
Brutbegleitzettel 93*
Brutfehler 94
Brutgans 96*, 97, 98
Brutgelege 97
Brutnest 98*
Brutplanung 78
Brutresultat 90
Bruttemperatur 103
Bussard 178

Cayugaente 21*, 25
Chilenische Pfeifente 26
Cholera 174
Confits 147

Dachs 178
Dämmerungsschalter 45
Darmkokzidiose 175
Daunen 160, 161*
Desinfektion 86
Diagnose 172
Diepholzergans 30
Direktvermarktung 146
Doppeleier 74
Drahtgeflecht 44, 46*, 55
Drahtgeflechtbalkon 46*, 121
Dung 168
Düngerbedarf 168
Düngerwert 169
Durchleuchten 87, 88*
Durst 127

Eiablage 45
Eiderente 22*, 27

Ei-Desinfektion 86
Eier 72, 87*
Eigenerzeugung 13
Eigenmischungen 116
Eilage 94
Einfangen 128, 129*
Einstreu 44, 53
Eiweiß 121
Embryonen 84
Emdenergans 28
Entendung 168
Enteneier 72, 73
Entenküken 56
Entenmägen 154
Entenmast 115
Entenornithose 173
Entenrezepte 147
Entenställe 50
Entenzucht 60
Erlöse 146
Erstickung 111
Extensivhaltung 16

Fahnen 161
Fanghaken 128*
Fassungsvermögen 77
Faulbrut 89
Federfressen 45, 114, 120
Federn 160
Federn waschen 162
Federnertrag 162
Federnschieben 120
Fenster 45
Fertigfutter 16, 41, 116
Fischzucht 169
Flächenbrüter 57*, 77
Fleischansatz 122

181

Flugente 20, 21*
Folienstall 14*, 50, 51*, 52*, 64*
Formalinbegasung 86
Freilandmast 121
Freßlust 123
Frischhaltebeutel 134
Frischluft 39
Frischluftzufuhr 85
Frischware 138
Frostperioden 47
Frostware 138
Frühmast 122
Fuchs 178
Füllapparat 164
Füllkraft 160
Futter 40
Futterautomat 40*, 42*, 43, 106*
Futterkosten 41, 123
Futtermischungen 124
Futterstellen 44
Fütterung 60
Futterverbrauch 62*, 112, 119, 120
Futterversuch 41
Futterverwertung 108, 114

Gänse 38
Gänsebraten 127
Gänsebrut 95, 100
Gänseeier 74
Gänsefarmen 13
Gänsefleischverbrauch 12
Gänsehaltung 53
Gänseinfluenza 174
Gänseleber 125
Gänsemast 122
Gänse-Naturbrut 96
Gänsepest 174
Gänserezepte 154
Gänseschlupfresultate 95
Gänseschmalz 158

Gänseschnellmast 126
Gänseställe 53
Gänsesterbe 177
Gänsezucht 65
Gänsezuchtherden 68
Gänsezwangsmast 125
Gasstrahler 50, 103*
Gatter 118*
Gefahren 171
Gefälle 162, 166
Gefieder 120, 136, 160
Geflügelfleischausnahme-
 verordnung 144
Geflügelfleischhygiene-
 gesetz 140
Geflügelkonsum 139
Geflügelschlachterei 128
Geruchsbelästigung 169
Geschichte 9
Geschlechtsbestimmung 69, 70*
Gesetze 140
Getreideschrot 119
Gewichtsentwicklung 61*, 62, 112, 114, 119, 120
Gifte 171
Giftköder 178
Glucken 97
Goldregen 177
Gössel 58*, 59
Gösselaufzucht 109
Grannen 161
Grasnarbe 121
Graugans 28, 29*
Großbetriebe 12
Großvieheinheit 146
Grundforderungen 39
Grünfutter 110, 113*, 114
Grünland 112
Grünraps 111
Gülleanfall 122

Habicht 178
Hackfrucht 118
Hackfruchtmast 125
Hafer 61
Haltung 69
Haltungsschema 48, 49, 50
Handelsklassen 141
Handelsware 137
Hausmischung 104
Hautschäden 134
Hecheln 109
Heizsysteme 109
Hepatitis 173
Heu 111
Hochbrutflugenten 25
Hochleistungsküken 56
Höckergans 29*, 30
Hybriden 56
Hybridlegeente 23
Hybridzucht 34
Hygiene 46, 86

Iltis 178
Immissionsschutzgesetz 145
Import 12, 56
Indische Laufente 23, 75*
Infrarotlampe 50, 103*
Innentemperatur 134
Intensivhaltung 48, 49

Käfige 111
Kaisergans 32*, 33
Kaliumpermanganat 86
Kälte 106
Kanadagans 29*, 31
Kannibalismus 55
Karpfen 11
Katzen 178
Kerntemperatur 144
Khaki-Campbellente 24
Kiele 115, 166
Kippwendung 77

182

Klappgitter 129*
Kleinbrüter 76*, 77
Kleineier 72
Kloake 69, 70
Kohlblätter 111
Kohlendioxid 85
Kokzidien 175
Kolbenente 21*, 26
Kontrolle 109
Kontrollmästung 116
Kotentsorgung 169
Krähen 178
Krankheiten 171
Krebse 11
Küchenabfälle 118
Kühlen 89
Kühlschrank 134
Kükenalter 57
Kükenankauf 56
Kükenaufzucht 103
Kükenfutter 104
Kümmerer 111
Kunstbrut 76, 102

Lackhederich 177
Lagerfähigkeit 134, 135
Lagerungsversuche 72
Laufente 23, 75*
Legeleistung 23, 61
Legepause 48
Legerassen 23
Leistungsvergleich 36
Leistungszucht 65
Linienzucht 60
Lochtränke 15*
Lockengans 29*, 30
Löffelente 26
Luftblase 85
Luftfeuchte 85
Luftstauung 94

Magellangans 31, 32*
Magenwurmseuche 175

Magergänse 110
Mähnengans 32*
Mandarinente 22*, 26
Marder 178
Markierung 91
Martini 18
Mastfertigfutter 116
Mastruhe 120
Maststall 50*
Mastverlauf 120
Mauser 128
Mineral-Vitamin-Mischung 120
Mist 169
Möhren 111
Moschusente 20
Muskelmagen 134
Mutterente 103
Muttergans 120

Nachschlupf 91
Nährstoffgehalt, Mist 169
Naßfutter 42, 116
Naßrupfen 132*
Naturbrut 76, 96
Nest 79*, 96
New Duck Syndrom 173
Nierenkokzidiose 175
Nilgans 31
Nonnengans 31, 32*
Notschlachtung 125
Notstromaggregat 46

Organe 131
Orpington-Ente 24

Paddel 91*
Palmivax 176
Papageienkrankheit 173
Parallelfutterversuch 41
Paratyphus 173
Parvovirushepatitis 176
Pekingente 20, 21*

Pellets 116
Pflanzengifte 177
Pflücken, Federn 166
Planung 78
Plastikbeutel 134
Pommernente 23
Pommerngans 28
Preise 18, 167
Probebetrieb 77
Produktionsplanung 62

Quarantäne 56

Ratten 178
Raubzeug 96
Raufen, Federn 165
Raumheizung 109
Reflexbewegung 131
Regen 111
Reiherente 21*, 26
Rein-Raus-Verfahren 47
Rendite 15
Rezepte 147
Rheinische Viellegergans 30
Rohrfutteranlagen 108
Rohüberschuß 116
Rothalsgans 31
Rotkopfente 26
Rotkopfgans 31, 32*
Rouen-Ente 23
Ruhe 48
Ruhestörung 55
Rupf 160
Rupfmaschine 135
Rupfwachs 135, 137*

Sachsenente 23
Salmiakgeist 164
Salmonellose 175
Salz 120
Sauerstoffgehalt 39
Sauerstoffnot 86
Schattierung 55

Schellente 27
Schieren 87, 88*
Schierling 177
Schimmelpilzkrankheit 172
Schlachtausbeute 37, 136
Schlachtdatum 128
Schlachten 130
Schlachtkörper 124, 131*, 134
Schlachtqualität 122
Schlachtreife 122
Schlachtrupf 166
Schlachttrichter 130
Schlachtung 128
Schleiß 162
Schlupf 90
Schlupfergebnisse 92*, 94, 97
Schlupfhilfe 91
Schlupfhorden 77
Schlupftemperatur 90
Schnabel 120
Schnabelspitze 111
Schnellmast 115
Schnellmastgans 110
Schotendotter 178
Schrankbrüter 77
Schreibfedern 167
Schuppen 50
Schwarzer Nachtschatten 177
Schwemmprobe 90
Schwimmgewässer 63, 106
Selbsttränke 110
Selektion 69
Siebschnabel 19
Smaragdente 25
Sortierung 165
Spätmast 122
Spießente 22*, 28
Spurenelemente 105
Stalleinrichtung 52
Stallhaltung 65, 111

Stallklima 108
Stallreinigung 109
Stalltemperatur 103
Stalluft 44
Starter 106
Staubentwicklung 109
Steuergesetz 146
Stiftel 128
Stockente 19, 24*
Stopfleber 125
Stopfmast 126
Stoppelmast 124
Strahler 109
Streifengans 29*, 31
Stummente 20

Tafelente 27
Temperaturüberwachung 84
Tierschutzgesetz 145
Tollkirschen 177
Toulouser Gans 29*, 30
Tranchieren 159
Tränke 15*
Transportwagen 107*, 129*
Treibergans 10
Trichterbatterie 135
Trinkwasser 43
Trockenfutter 42
Trockenrupfmaschine 166
Tröge 106*, 123
Türkenente 20

Überbelegung 53
Übertemperatur 84
Ungeziefer 46

Verkehrsbezeichnungen 141
Verluste 45
Vermarktungsnormen 141
Verschmutzung 46, 86
Verstaubung 86
Viereckgeflecht 111

Virusenteritis 174
Vorbrutmaschine 77
Vorbruttemperatur 84
Vorkühlung 134

Wachsbad 136*
Wachskessel 131, 135
Wachstum 109
Wärme 39, 103
Wärmekammer 103
Wärmespender 103
Warmluftgebläse 108
Warzenente 20
Waschverfahren 72
Wasser 110
Wasserbedarf 43
Wasserentspannungsmittel 134
Wasserrinnen 108
Weide 53
Weidehaltung 63
Weihnachtsgans 155
Wenden 86
Wildente 24
Wintermast 35
Wirtschaftlichkeit 38
Witwenpfeifgans 33
Würmer 175
Wurmkapseln 175

Zahn 90
Zeitplan 115
Zierente 25
Ziergans 30
Zuchtgössel 68
Zuchtherde 68
Zuchtstall 47*
Zugluft 108
Zuwachs 108
Zwangsmast 125, 126
Zwergbleßgans 33
Zwergente 21*, 26